JURISPRUDENCIA Y DERECHO, MÉTODO Y CLIOMETRÍA. ANÁLISIS E INVESTIGACIÓN EN DERECHO III

EMILIO J. URBINA MENDOZA

Doctor en Derecho (Universidad de Deusto)
Profesor de Postgrado de la Universidad Católica Andrés Bello

JURISPRUDENCIA Y DERECHO, MÉTODO Y CLIOMETRÍA. ANÁLISIS E INVESTIGACIÓN EN DERECHO III

Prólogo de RAMÓN ESCOVAR LEÓN

COLECCIÓN ESTUDIOS JURÍDICO
N° 152

Asociación Civil Venezolana Instituto de Promoción Integral
Editorial Jurídica Venezolana
Caracas, 2023

© EMILIO J. URBINA MENDOZA

EMAIL: eurbina2005@gmail.com

ISBN 979-8-88895-782-0

Editado por: Editorial Jurídica Venezolana
Avda. Francisco Solano López, Torre Oasis, P.B.,
Local 4, Sabana Grande, Caracas, 1015, Venezuela
Teléfonos: (058) (02) 762-38-42
Fax: (058) (02) 763-5239
http://www.editorialjuridicavenezolana.com.ve

Impreso por: Lightning Source, an INGRAM Content company
para: Editorial Jurídica Venezolana International Inc.
Panamá, República de Panamá.
Email: ejvinternational@gmail.com

ASOCIACIÓN CIVIL VENEZOLANA INSTITUTO DE PROMOCIÓN INTEGRAL
www.avipri.com

Portada por: Alexander Cano

Diagramación, composición y montaje
por: Mirna Pinto, en letra Times New Roman, 13,
Interlineado: 14, Mancha 11.5 x 18

In memoriam a Elvira MENDOZA HENRÍQUEZ,
mi madre, recientemente fallecida.
Ella me enseñó el valor de la honestidad ante Dios,
los hombres y el mundo.

ÍNDICE DE CONTENIDO

11

LISTA DE ABREVIATURAS

ANC	Asamblea Nacional Constituyente
BOE	Boletín Oficial de Estado (España)
CoIDH	Corte Interamericana de los Derechos Humanos
CC	Código Civil (Venezuela)
CEJV	Código de Ética del Juez y la Jueza Venezolano
COPP	Código Orgánico Procesal Penal (Venezuela)
CPC	Código de Procedimiento Civil (Venezuela)
CRBV	Constitución de la República Bolivariana de Venezuela
DLE	Diccionario de la Lengua Española
DRAE	Diccionario de la Real Academia Española
GO	Gaceta Oficial Ordinaria (Venezuela)
GOE	Gaceta Oficial Extraordinaria (Venezuela)
LEC	Ley de Enjuiciamiento Civil (España)
LECrim	Ley de Enjuiciamiento Criminal (España)
LOCSJ	Ley Orgánica de la Corte Suprema de Justicia (Venezuela)
LOTSJ	Ley Orgánica del Tribunal Supremo de Justicia (Venezuela)

LOJCA	Ley Orgánica de la Jurisdicción Contencioso Administrativa (Venezuela)
TSJ/SC	Tribunal Supremo de Justicia/Sala Constitucional (Venezuela)
TSJ/SCC	Tribunal Supremo de Justicia/Sala de Casación Civil (Venezuela)
TSJ/SPA	Tribunal Supremo de Justicia/Sala Político-Administrativa (Venezuela)

PRÓLOGO

Me resulta muy grato escribir el prólogo *a Jurisprudencia y Derecho, método y cliometría. Análisis e investigación en Derecho III,* de Emilio Urbina, por varias razones. Emilio nació en Maracay, luego vivió en San Cristóbal y desde 2012 escogió mi natal Barquisimeto como lugar de residencia, ciudad en la cual es muy querido por mis amigos y familiares. Se trata, entonces, de un barquisimetano por naturalización, o *barquisimetido,* como se les llama cariñosamente.

La cultura jurídica y la lucidez intelectual de Emilio Urbina quedó demostrada en un libro suyo que atrapó mi interés: *La teoría de la interpretación de los contratos y la jurisprudencia venezolana,* publicado por la Academia de Ciencias Políticas y Sociales, la cual fue su tesis doctoral. Se trata de una obra en la cual el autor se adentra en los complejos problemas de derecho sustantivo y adjetivo que representa la interpretación de los contratos. Este libro acompaña los trabajos de José Mélich Orsini, Leopoldo Márquez Añez y Haydee Barrios, quienes ya habían hecho son valiosos aportes sobre esta materia. Junto a ellos, Emilio ofrece otra mirada al mismo asunto. Es una materia de mi curiosidad sobre el cual escribí en el libro homenaje a James Otis Rodner, publicado por *la Revista de Legislación y jurisprudencia,* como parte de una línea de investigación que inicié hace años y que continuo lentamente. Y puedo decir sin vacilar que la opinión de Emilio sobre este tema son referencia ineludible.

En materia de análisis y método jurídico, Emilio Urbina es también valiosa doctrina de aportes significativos Entre ellos destaca *Métodos de investigación jurídica. Análisis e investigación en Derecho II,* el cual fue presentado por José del Rey Fajardo sj, y publicado por la Editorial Jurídica venezolana. No es el objeto de este prólogo inventariar la amplia obra jurídica de Emilio, pero sí quiero destacar esta línea de investigación que está conectada con el libro que presento.

Las reflexiones de Emilio son originales y bien fundamentadas. No en balde es doctor de la Universidad de Deusto, la casa de estudios de los jesuitas. Y también es profesor de varias universidades, entre ellas la Universidad Católica Andrés Bello y la Universidad Central de Venezuela. En esta última conocí a Emilio en el 2005, y desde entonces hemos compartido los espacios de curiosidad intelectual.

El libro que ahora presento hace un agudo examen sobre la relación entre el Derecho Civil y el Derecho Común y la amalgama de reglas de ambos sistemas, lo que no siempre trae resultados apropiados. En este sentido, el autor se apoya en Marie Dominique Trapet en su trabajo "L'hyphothèse de l'americanisation de l'institution judiciaire" (en: *Archives de Philosophie du Droit*, Dalloz, N° 47, París, 2001). Y destaco que sea una jurista francesa la referida por el autor, porque observado que los autores galos han sido muy agudos en reflexionar sobre esta creciente relación. Esto se observa con frecuencia en el arbitraje internacional, lo que debe verse con sentido crítico. Así tenemos el caso de la mezcla de pruebas propias del derecho anglosajón con pruebas del derecho civil. El caso del *Discovery* es uno de ello. La lectura del libro de Emilio aporta material conceptual para pensar con detenimiento este delicado asunto.

Igualmente examina las nociones de jurisprudencia y de precedente, para resaltar la asimetría que existe entre ellas. La jurisprudencia acomodaticia y la construcción del precedente autoritario no escapan a la inteligente mirada del autor. Y en esa faena se refiere a un autor de ineludible consulta en estos asuntos: Ronald Dworkin. Lo hace sin caer en la repetición mecánica de conceptos del autor estadounidense sino siempre aportando su propia voz.

Según la distinción tradicional, el precedente equivale a jurisprudencia o doctrina vinculante y es inherente a los sistemas del *common law*; mientras que la jurisprudencia corresponde al sistema continental, tiene valor persuasivo y carece de fuerza vinculante.

Sin embargo, en el caso venezolano esta diferencia es más bien conceptual que práctica, por cuanto sus efectos suelen ser equivalentes. En efecto, si la Sala de Casación Civil fija un criterio jurisprudencial, los jueces deben seguirlo, porque de no hacerlo sus fallos serían anulados.

La jurisprudencia surge con la interpretación uniforme de casos análogos, por lo que un cuerpo jurisprudencial –en teoría– requiere, al menos, de dos decisiones conformes. En cambio, el precedente nace con una sola decisión.

No es ajena a la Sala de Casación Civil la utilización combinada de ambos vocablos cuando se refiere al "precedente jurisprudencial". Lo mismo ocurre con la Sala de Casación Social que usa indistintamente ambos vocablos como equivalentes. Las Salas del TSJ utilizan precedente como sinónimo de jurisprudencia, lo cual, de entrada, autoriza a afirmar que las diferencias venezolanas entre ambos conceptos, si las hay, son muy sutiles. No obstante, –y en el terreno de la teoría– el precedente se refiere a casos idénticos y la jurisprudencia a casos análogos.

Un aporte significativo del libro que comento lo constituyen los métodos de organización de las doctrinas jurisprudenciales. El autor identifica tres métodos: la argumentación organizadora, la cliometría jurisprudencial y la sistematización lógico-temática. El primero se refiere a la manera cómo se resuelve el asunto sobre la base de los argumentos usados. El segundo atañe a la agrupación por etapas de las decisiones; y, el tercero, atañe a la manera cómo las sentencias organizan los conceptos, los procedimientos y nociones afines de la materia a decidir.

El precedente constitucional tiene varios límites y uno de ellos está definido por la solicitud realizada, es decir, por lo que el Tribunal se propone resolver. Es por ello que se considera que el posible valor de precedente está conectado con el *thema decidendum*. Ahora bien, en el sistema del derecho común determinar lo que constituye el precedente no es tarea fácil, puesto que su existencia está determinada por la identidad del caso que le sirve de base, antecedente o precedente. Hecha esta precisión se puede decir que la delimitación de los alcances de esa identidad entre los casos es lo que debe ser objeto de precisión. En cambio, en la jurisprudencia lo que importa es la analogía con el caso que sirve de referencia. Pero, en nuestro caso venezolano, el asunto, como dije, ha desaparecido en la práctica forense por el uso que la ha dado el Tribunal Supremo de Justicia.

En estos temas el autor se adentra con lucidez y los conecta con las potestades hermenéuticas del juzgador. Urbina señala que le juez posee potestades procesales, pero, también hermenéuticas. Este es un aporte valioso que nos trae.

Esos poderes hermenéuticos son la ponderación, hermenéutica, interpretación, aplicación y argumentación, lo que nos lleva a varias conclusiones operativas. Todas ellas deben estar dotadas de una nota característica: la previsibilidad. Entonces, los jueces de todo el país deben poder prever los criterios interpretativos que usan los demás jueces. Este no puede ser un espacio para la anarquía ni para la improvisación. Debe haber criterios comunes para realizar dicha faena. Y todas estas potestades son censurables en casación. Pienso, además, que ese control casacional no debe obedecer a ninguna técnica ni criterios burocráticos.

En la tarea argumentativa y lingüística es importante escudriñar el estilo gramatical y el tipo de palabras usadas para detectar argumentos y contraargumentos. En esta labor es importante examinar los modos verbales y los conectores. Estos son palabras que enlazan oraciones para facilitar el ritmo estilístico.

Hay de dos tipos: argumentativos y contraargumentativos. Los primeros ordenan el discurso y sirven para enfatizar, como "luego", "entonces. Los segundos sirven para contradecir conclusiones o inferencias de la oración que la precede, como "no obstante", "sin embargo". Y en la motivación de las decisiones judiciales la relación entre la hermenéutica y la lingüística tiene una poderosa relación.

El trabajo de Emilio Urbina nos permite pensar en todo esto. Su obra constituye una contribución en una materia relevante que en nuestro país está en pleno desarrollo.

Ramón ESCOVAR LEÓN

NOTA INTRODUCTORIA

EL DERECHO:
¿ENTRE DOS HERMENÉUTICAS?

En 2010, la Academia de Ciencias Políticas y Sociales, publicó mi libro *La teoría de la interpretación de los contratos y la jurisprudencia venezolana*[1]. Este trabajo, más allá de haber sido nuestra tesis doctoral leída y defendida en la Universidad de Deusto (Bilbao), representó el punto de partida formal de una de mis líneas de investigación iniciada en 1997. Desde allí asumí mayores compromisos científicos, potenciados en 2002[2], hasta su evolución con la presente obra. Desde hace 25 años hemos cubierto las diferentes etapas (consciente que faltan muchísimas todavía), que debe transitar todo hombre de ciencia,

[1] Publicada en la serie "estudios" número 84, 292 páginas. Debo agradecer al siempre recordado Dr. Alberto BAUMEISTER TOLEDO. Gracias a su confianza depositada durante muchos años en diferentes empresas académicas a lo largo de la geografía nacional. Debo también agradecer para la publicación de dicho libro, al aporte económico realizado por Americana de Reaseguros, C.A., sociedad mercantil presidida también por el Dr. BAUMEISTER.

[2] Véase URBINA MENDOZA, Emilio J. "Ética, hermenéutica y argumentación", en: Fernando PARRA ARANGUREN (Coord.) *Nuevos estudios de Derecho Procesal. Homenaje a José Andrés Fuenmayor,* ediciones del Tribunal Supremo de Justicia, Caracas, 2002, pp. 523-557.

que, como indica IZQUIERDO LABEAGA[3], siempre nos coloca entre la elección permanente, de sed natural de "causas primeras"[4], ratificando lo que el AQUINATIS expuso sobre la esencia humana: *Illud est homo quod operatur operationes*[5].

Ruego dispensa al lector por este inicio, cargado de reflexiones éticas y teológicas, pues, de allí venimos y nuestro *weltanshaung* siempre estará impregnado por estas categorías intelectuales. La preparación de este libro me reencontró con una etapa personal de nuestra formación (1998-2002) que ha significado las bases epistemológicas de toda una carrera académico-forense que hoy llega a un cuarto de siglo. Sin embargo, más allá de lo anecdótico, sí debe resaltarse el cuestionamiento -no dialéctico- permanente del Derecho sobre su actual estado de zigzagueos ocasionados por los intérpretes autorizados del sistema jurídico con capacidad de imponer el resultado hermenéutico: *los jueces*.

No queremos que esta obra sea una crítica sobre la imprudencia o prudencia, desatino o sentido de Estado de los máximos intérpretes estatales del Derecho en Venezuela. Ya en varias oportunidades hemos manifestado nuestra preocupación por la ausencia de un compromiso ético[6] con las raíces mismas

---

[3] IZQUIERDO LABEAGA, José Antonio. "El hombre entre dos hermenéuticas", en: *Gregorianum*, Vol. 73, número 3, 1992, pp. 523-539. Explica el autor en ciernes "(...) *La imagen consecuente del hombre puede ser esta. El hombre es el resultado de una materia originaria, donde la evolución creadora, en manos del Azar se espiritualiza* (...)" p. 525.

[4] ARISTÓTELES. *Metafísica*, A, 1, 980a 21, 981a 25-30.

[5] "El hombre es aquello que le vemos obrar, aquello que está en el origen de sus actos". SANTO TOMÁS DE AQUINO. *Summa Theologica*, I, q. 75 a. 4.

[6] Véase URBINA MENDOZA, Emilio J. "El artículo 10 del Código de Ética del Juez Venezolano y la Jueza Venezolana y la Ética de la

de las ciencias jurídicas, de su coherencia con los componentes que lo transformaron de mera exégesis en Derecho moderno[7] capaz de armonizar las conductas sociales[8]. También -en especial el profesor ALLAN R. BREWER-CARÍAS- voces más autorizadas que la mía, del orbe jurídico patrio, han descrito todas estas patologías de un estado de perversión jurisprudencial capaz de crear la mayor y más abyecta disgregación jurídica[9].

Interpretación Jurídica", en: *Revista de la Facultad de Derecho de la UCAB,* número 64, 2009, pp. 207-222. También, véase de nuestra autoría: "La influencia de la voluntad popular sobre la interpretación constitucional judicial en Venezuela: ¿Abuso de los conceptos jurídicos indeterminados?, en: *Estudios de Deusto,* Vol. 58/2, Bilbao, julio/diciembre 2010, pp. 363-375.

[7] Al respecto véase URBINA MENDOZA, Emilio J. "¿Qué son las sentencias de gobierno? ¿La nueva geografía de actos en la jurisprudencia de la Sala Constitucional del Tribunal Supremo de Justicia?", en: *Revista de Derecho Público,* número 147-148, julio-diciembre 2016, pp. 33-66. También, de nuestra autoría, véase "La jurisprudencia del horror: Las posturas argumentales de la Sala Constitucional ante el tema constituyente (marzo-mayo 2017)", en: *Revista de Derecho Público*, número 149-150, enero-junio 2017, pp. 364-408. También, URBINA MENDOZA, Emilio J. "Observaciones sobre la sentencia N° 455/2017 de la Sala Constitucional del TSJ y la concreción jurisprudencia, atípica e impertinente, de la unidad conceptual Estado/nación. A propósito de una polémica en el País Vasco", en: *Estudios Constitucionales y Parlamentarios. Anuario 2018-2020,* –UCAB-CIDEP–Instituto Parlamentario "Fermín Toro", Caracas 2021, pp. 207-236. Véase JARAMILLO, Carlos Ignacio. *El renacimiento de la cultura jurídica en occidente.* Pontificia Universidad Javeriana, Bogotá, 2004.

[8] Véase ÁNGEL YÁGÜEZ, Ricardo de. "El mundo del jurista: hechos, conceptos y soluciones", en: *Estudios de Deusto,* Vol. 56/2, Bilbao, julio/diciembre 2008, pp. 219-245. También, MASSINI, Carlos Ignacio. *La desintegración del pensar jurídico en la edad moderna.* Abeledo Perrot, Buenos Aires, 1980.

[9] Véase BREWER-CARÍAS, Allan R. *Dictadura judicial y perversión del estado de Derecho.* Caracas, Editorial Jurídica Venezolana

Ahora bien, vista que nuestra tradición ideológica no está asociada ni al *lassez faire laissez passez*, ni a la dialéctica hegeliana ni mucho menos a la incardinada en el materialismo histórico, debemos dar una respuesta metódica, sistematizadora y con capacidad de descripción de la realidad abstrayéndonos de los elementos moralizadores. De antemano el lector -sobre todo el litigante- sabrá que esta acción en nuestro país puede significar una proeza por la empecinada cerrilidad del máximo sentenciador constitucional en resguardar lo que ANDRÉS ROSLER califica como la "era después de DWORKIN" (interpretativismo extremo) en el razonamiento judicial. Gráficamente expone:

> "(…) Hoy en día los jueces ya no parecen tener el mandato de rastrear el derecho exclusivamente hasta su fuente -Constitución, Congreso, su ruta-, sino que **básicamente se espera que tomen la decisión que ellos en cuanto coautores del derecho consideran moral o políticamente apropiada, como si hoy en día la independencia del Poder Judicial exigiera que los jueces se arrogaran el poder legislativo** (…)"[10] (Negrillas y subrayado nuestro)

¿Básicamente se espera que tomen la decisión que ellos como coautores del derecho consideran moral o políticamente apropiada? ¿La independencia del poder judicial exige asumir

---

Internacional, 2016. SOSA GÓMEZ, Cecilia y CASAL HERNÁNDEZ, José M. *¿Qué hacer con la justicia? El caso venezolano.* CIDEP-Academia de Ciencias Políticas y Sociales, Caracas, 2020. BREWER-CARÍAS, Allan R. *La Constitución de plastilina y vandalismo constitucional. La ilegítima mutación de la Constitución por el juez constitucional al servicio del autoritarismo.* Colección Biblioteca "Dr. Allan R. Brewer-Carías" del Instituto de Investigaciones Jurídicas de la UCAB-Editorial Jurídica Venezolana, Caracas, 2022.

[10] ROSLER, Andrés. *La ley es la ley. Autoridad e interpretación en la filosofía del Derecho*, Katz Editores, Buenos Aires 2019, p. 13.

potestades propias del legislador?. La afirmación de ROSLER la problematizamos en una suerte de ejercicio de aporía que nos facilitará fundamentar las razones por las cuales aparece nuestro libro. Suponiendo que se aceptara este horizonte de maximización de la tesis de KELSEN sobre la creación de normas por el sentenciador (teoría del Derecho por grados), valdría la pena replantear metodológicamente[11] las formas de abordaje de esta nueva -y siempre sospechosa- superfuente: *la jurisprudencia*.

Ya en Venezuela -por las características de la materia- se había ensayado con éxito un esfuerzo por la sistematización de la jurisprudencia de la jurisdicción contencioso-administrativa[12], al convertirse ésta última, en una fuente prácticamente venerable[13] durante la vigencia de la Constitución de 1961; y,

---

[11]   Sobre métodos jurídicos, en especial, del método dogmático, véase UR-BINA MENDOZA, Emilio J. *Métodos de investigación jurídica. Análisis e investigación en Derecho II*. Editorial Jurídica Venezolana, Caracas, 2022.

[12]   En efecto, el profesor Allan R. BREWER-CARÍAS en su obra enciclopédica *Jurisprudencia de la Corte Suprema 1930-1974 y estudios de derecho administrativo*, Ediciones del Instituto de Derecho Público de la Universidad Central de Venezuela, Caracas, 1975-1979 (VI Tomos); realiza el primer ensayo de organización jurisprudencial venezolana con un método muy particular, empleando el método de sistematización lógico-temática que desarrollaremos en la tercera parte de este libro.

[13]   Para más detalles, véase BREWER-CARÍAS, Allan R. y ORTÍZ-ÁLVA-REZ, Luis. Las grandes decisiones de la jurisprudencia contencioso-administrativa (1961-1996). Editorial Jurídica Venezolana, Caracas, 1996. Expresan los autores, p. 9, lo siguiente: "(...) *Dentro de la disciplina jurídica, el estudio de la jurisprudencia es indudablemente uno de los pilares fundamentales. Muy particularmente en el campo del derecho público venezolano, el estudio de las sentencias de los tribunales contencioso administrativos ha adquirido, al estilo anglosajón y francés (donde es constante el estudio de los leading cases o grands arrêts), un puesto de primer orden. Y no podía ser de otra forma, pues*

una vez en funcionamiento la Sala Constitucional del Tribunal Supremo de Justicia con su base en la Constitución de 1999[14], la Sala no vaciló en reforzar -y abusar[15]- el carácter vinculante de sus decisiones[16] como si en nuestro país existiera la teoría

---

la jurisprudencia refleja cuál es -o al menos cuál creen los jueces que debe ser- el derecho que se aplica en la realidad, en el presente, a los casos concretos (…)". También, véase BENAIM, Alfredo. "Comentario crítico a la sentencia de casación sobre el nuevo cómputo de los términos o lapsos procesales", en: *Revista de Derecho Público,* número 46, 1991 (abril-junio), pp. 195-198. BREWER-CARÍAS, Allan R. "La sentencia de los lapsos procesales (1989) y el control difuso de la constitucionalidad de las leyes", en: *Revista de Derecho Público,* número 40, 1989 (octubre-diciembre), pp. 157-175.

[14]   Artículo 335. El Tribunal Supremo de Justicia garantizará la supremacía y efectividad de las normas y principios constitucionales; será el máximo y último intérprete de esta Constitución y velará por su uniforme **interpretación y aplicación**. Las **interpretaciones** que establezca la Sala Constitucional sobre el contenido o alcance de las normas y principios constitucionales son vinculantes para las otras Salas del Tribunal Supremo de Justicia y demás tribunales de la República. (Negrillas y subrayado nuestro). Nótese que la propia Constitución hace referencia a dos de las potestades hermenéuticas de los jueces, la *interpretación* y *aplicación*, y no al resto (hermenéutica, ponderación y argumentación) de las que explicaremos a lo largo del presente libro.

[15]   Sobre los excesos cometido por la Sala Constitucional en la atribución constitucional del carácter "vinculante" de sus fallos, véase BREWER-CARÍAS, ALLAN R. "La potestad. La jurisdicción constitucional de interpretar la Constitución con efectos vinculantes", en: TUPAYACHI SOTOMAYOR, Jhonny (Coord.). *El precedente constitucional vinculante en el Perú (Análisis, Comentarios y Doctrina Comparada),* Editorial Adrus, Lima, 2009, pp. 791-819.

[16]   Véase Sala Constitucional del Tribunal Supremo de Justicia, decisiones N° 883 de fecha 25 de mayo de 2001 (Caso: *Instituto autónomo policía municipal de Chacao*), N° 2.651 de fecha 02 de octubre de 2003 (Caso: *Interpretación sobre las atribuciones de los alcaldes y el registro civil*) N° 106 de fecha 11 de febrero de 2004 (Caso: *Interpretación del Estatuto Electoral del Poder Público*),

del precedente judicial, éste, mecanismo por excelencia del *common law*[17].

De esta razón "práctica", surge la necesaria adecuación de un método -o varios- que facilite al foro jurídico -inclusive al judicial, administrativo o fiscal- el manejo de cientos de sentencias que han sido proferidas por la Sala Constitucional, o bien, por otras de las establecidas para el Tribunal Supremo de Justicia. De esta forma no queremos bajo ninguna coordenada cristalizar el pernicioso vicio de la pigricia forense en que se ha tornado la búsqueda de una que otra sentencia para resolver "mi caso", sin la necesaria revisión de la legislación y de los propios criterios que deben plasmarse en una demanda o escrito forense para un proceso judicial. Este libro, retomando la exposición de ROSLER, también quiere recordar -a pesar de enseñar técnicas para su organización- del "(…) *peligro que entraña, para el ecosistema jurídico y político, la extinción del positivismo, es decir, de la idea de que la ley es la ley y de que el derecho tiene autoridad para resolver desacuerdos morales y políticos* (…)"[18].

En los días del confinamiento obligatorio por la pandemia de Covid-19 (marzo-julio 2020), quien suscribe, organizó un seminario intensivo de análisis jurisprudencial -en línea- para mis alumnos del programa de doctorado en Derecho de la Universidad Católica Andrés Bello (dictado en octubre de 2020). Fue muy concurrido el mismo hasta el punto que me obligó a la

---

[17] Sobre el precedente en el *common law*, véase los analíticos trabajos de ESCOVAR LEÓN, Ramón. *El precedente y la interpretación constitucional*, Editorial Sherwood, Caracas, 2005. También, GASCÓN ABELLÁN, Marina. *La técnica del precedente y la argumentación racional*, Editorial Tecnos, Madrid, 1993. MORAL SORIANO, LEONOR. *El precedente judicial*, Madrid, Marcial Pons, 2002. GARCÍA-BALAUNDE, Domingo. "La interpretación constitucional como problema", en: *Revista Tachirense de Derecho*, número 4, 1993 (julio-diciembre), pp. 79-103.

[18] ROSLER, Andrés. *Ob. Cit.*, p. 21.

preparación de dos ediciones posteriores con más de cincuenta participantes. En su momento decidimos redactar unos apuntes, que gracias al paciente trabajo de apoyo del abogado guayanés JOSMEL BAENA, de la prestigiosa firma *Sosa & Martínez Estudio Jurídico* en Ciudad Guayana; transcribió todas las clases dictadas recopilándolo en un archivo que serviría de borrador para este libro.

Como indiqué al principio, no voy a justificar un jurisprudencialismo. En 2023 -quizá en algunos años encontraré respuesta- no puedo afirmar si mi generación fue privilegiada o no, en vivir la transformación de las fuentes del Derecho y su relevancia. En el primer tramo de mi pregrado (1993-1995), mis profesores de la otrora Universidad Católica del Táchira todavía dictaban sus clases magistrales tomando como referencia los códigos y leyes. A partir de 1996 la historia fue otra. El manejo de la jurisprudencia se tornó con mayor incidencia hasta el punto que para el último año académico (1997-1998), poco de aquellos códigos se enseñaba. Habían comenzado a ser sustituidos por los ya desaparecidos repertorios jurisprudenciales[19] en una era donde el internet era una herramienta "marginal".

---

[19]   Todavía, con cierta nostalgia, echamos de menos los tomos de jurisprudencia que eran comercializados en Venezuela. Estos repertorios, incluyendo la Gaceta Forense editado por la extinta Corte Suprema de Justicia, facilitaron el manejo de las doctrinas jurisprudenciales concebidas en las decisiones del más alto tribunal de la república. Hoy, ya esas compilaciones han quedado en las bibliotecas de los despachos de abogados o personales como monumento vivo de una etapa del Derecho venezolano que fungió de transición acelerada. Debo recordar que mis primeras clases donde la jurisprudencia era la fuente más importante fueron en las cátedras de Derecho Admininistrativo III (Prof. José Luis Villegas Moreno), Derecho Procesal Civil I (Prof. Carlos Galvis) y II (Prof. Jesús Alberto Labrador). Inclusive, debo confesar que gracias a dos sentencias pioneras del momento, logramos eximir dos parciales en las materias anteriormente señaladas.

En esta obra, tras varias décadas de estudio y reflexión sobre la "crisopeya" jurídica de las fuentes, concentra su esfuerzo por exponer los tres grandes métodos de análisis jurisprudencial, o mejor dicho, los tres grandes sistemas existentes para su organización: el *método de argumentación organizatoria*, el *método de cliometría jurisprudencial*, y el *método de sistematización lógico-temática*. Cada uno de ellos los explicaremos pormenorizadamente en el capítulo tercero de la obra.

Una interrogante que subyace para aprovechar mejor lo expuesto en esta obra antes de iniciar el argumento en este nuevo clima cultural, es: ¿por qué tengo que basar mis decisiones en lo que los jueces hayan dicho, más precisamente, en las sentencias de los más altos tribunales?

Formulada la pregunta, partimos de un punto importante si asumimos que nuestra ciencia jurídica es una ciencia dogmática en cuanto su naturaleza y su método[20]. Esto implica en un análisis dogmático tanto retrospectivo como prospectivo, revisar el denominado *clima cultural* o ambiente bajo el cual prosperó, en nuestro caso, este jurisprudencialismo excesivo. Para ello utilizaré la división temporal de ROSLER[21] en precisar el

---

[20] URBINA MENDOZA, Emilio J. *Métodos de investigación jurídica. Análisis e investigación en Derecho II*, Editorial Jurídica Venezolana, Caracas, 2022, p. 215.

[21] Es un juego de palabras de altísima ironía, dado el aporte del autor británico con respecto a la teoría de la interpretación, aunque diferimos por cuanto DWORKIN no es un autor de transición como si pudiéramos calificar a Chaím PERELMAN. Ronald DWORKIN es propiamente un expositor de nuestros tiempos donde sus aportes han jugado un papel decisorio en la configuración del Derecho contemporáneo.

clima cultural de la jurisprudencia pre-Dworkin -por cierto ratificada en dos fallos de la Sala de Casación Civil[22]- sobre el concepto de la misma.

El clima cultural *son las ideas-fuerza que facilitaron el desarrollo del concepto en el momento en que fue establecido*[23]. En el caso de la hermenéutica jurídica, antes de los años 80 del siglo XX, descansaba sobre el estructuralismo filosófico como eje aglutinador de los lenguajes científicos, incluido el Derecho. Siendo así, partimos por entender a la jurisprudencia como la "suerte de decisiones de los tribunales, específicamente, de las últimas instancias en las cuales se organizan sistemáticamente los *thema decidendum* de cada una de las disputas procesales que allí están presentes, y aquello que es universalizable dentro de la decisión judicial que puede hacerse valer para los casos análogos"[24].

---

[22] Sala de Casación Civil del Tribunal Supremo de Justicia, sentencias número RC-000125 de fecha 27 de agosto de 2020 (Caso: *Manuel Fernándes Da Silva*) y RC-000138 de fecha 10 de septiembre de 2020 (Caso: *Inversiones Baytor-2000, C.A.*). Ambas sentencias, en su parte motiva, hablan de "concepciones tradicionales de la Casación", como si de suyo, después de la Constitución de 1999 queda autorizada la Sala para desprenderse cuando desee, de los propios artículos tanto del Código de Procedimiento Civil como de cualquier otra ley vigente del sistema normativo nacional.

[23] Urbina Mendoza, Emilio J. *Ob. Cit.,* p. 215.

[24] En este punto vale la pena destacar lo establecido en la sentencia número RC-000766 de fecha 12 de diciembre de 2022 (Caso: *María Hernández Vs. Hotel Bar Acapulco, S.R.L.*) dictada por la Sala de Casación Civil del Tribunal Supremo de Justicia. En la decisión identificada, la Sala fue enfática en establecer que ocurre violación al principio de la confianza legítima y la garantía de la tutela judicial efectiva si al momento de interponer la demanda, y se dicta un fallo con base a un criterio jurisprudencial no vigente para ese momento. Como indica el dispositivo "(…) *la sentencia recurrida en casación desconocía la jurisprudencia de la Sala Constitucional y con ello las garantías de la*

Este concepto de "jurisprudencia" de la cual aprendimos todos aquellos que nos graduamos durante el imperio de la Constitución de 1961, se sustentaba en el *Koiné* consolidado a lo largo del siglo XX estructural, sobre todo, luego de 1945 donde la teoría de la ley era el centro y la base del sistema normativo. En este sentido, la jurisprudencia era la manera de concretar la teoría de la ley, ésta última, como única fuente normativa en los sistemas del *civil law*.

En segundo término, la jurisprudencia tradicional, además de tomar siempre como referencia las normas positivas dictadas dentro de los procedimientos constitucionales, partía también del principio de la plenitud hermética del ordenamiento jurídico (*lückenlosigkeit, logischen gesetlossenheit*) donde todo sentenciador debía a su vez asumir el racionalismo, la deducción, el valor incuestionable de la norma positiva y el afinalismo[25]. En palabras del profesor GARCÍA DE ENTERRÍA, este concepto del sistema jurídico estaba lógicamente blindado[26], donde la jurisprudencia se hacía respetable en tanto y en cuanto el juez sorteaba las denominadas "furtivas ilusiones" para calificar la interdicción de su propia moral, sus concepciones políticas, e inclusive, su propio yo[27].

---

expectativa plausible y la confianza legítima, lo que llevó a cometer la infracción del artículo 78 del Código de Procedimiento Civil, por falsa aplicación y no por errónea interpretación como fue denunciado, al declarar indebidamente la inepta acumulación de pretensiones (…)".

[25] MASSINI, Carlos Ignacio. *Ob. Cit.*, p. 10.

[26] GARCÍA DE ENTERRÍA, Eduardo. *Reflexiones sobre la ley y los principios generales del Derecho.* Editorial Civitas, Madrid, 1984, p. 18.

[27] Véase ZAGREBELSKI, Gustavo. *Principios y votos. El Tribunal Constitucional y la política.* Editorial Trotta, Madrid, 2008, pp. 79-88. El autor en ciernes formula una de las reflexiones más destacadas sobre lo que él denomina "independencia de sí mismo", cuando, por ejemplo, explica: "(…) *El último peligro para la independencia de los jueces*

Si nosotros partimos de estos elementos caracterizadores del clima cultural que construyó el concepto nuestro de jurisprudencia, entonces, es obvio que toda decisión de unos años para acá -inclusive la última década de la extinta Corte Suprema de Justicia- pudiera considerarse sospechosa. Y si es así, entonces, apreciado lector ¿por qué se sigue acudiendo al TSJ con la convicción de que éste hará justicia? ¿por qué formulamos una crítica ácida sobre una u otra sentencia que rompe con el esquema, pero, aplaudimos aquella que pragmáticamente nos favorece en un expediente?

No pretendemos dictar una lección de moralidad, así como tampoco, justificar el estado actual del sistema jurídico patrio que como bien se ha indicado se encuentra "desinstitucionalizado"[28], donde, hasta el concepto más sólido de cualquier ecosistema normativo -inclusive en la época del socialismo soviético o el nazismo más depravado[29]- que es la cosa juzgada, sucumbe ante la tentación de "interpretaciones constitucio-

---

frente a sí mismos es un pecado de orgullo, el amor propio, el deseo de figurar, que se traduce en el deseo de ver consagrada en una resolución del Tribunal Constitucional una propia posición precedente, tomada en otra sede, sea política, científica, forense o judicial. Todos los jueces tienen un pasado profesional que puede haberlos llevado a tratar ya cuestiones que ahora -bajo el perfil constitucional- competen al Tribunal del que forman parte. Esto es inevitable. Es más, está implícito en los requisitos de experiencia profesional que se les exige. Esto no justifica sin embargo que se abuse de la ocasión para acicalarse y revestirse con las plumas del pavo constitucional (…)" p. 86.

[28] Para más detalles, véase BREWER-CARÍAS, Allan R. *El Estado totalitario y desprecio a la ley*. Editorial Jurídica Venezolana, Caracas, 2014, en especial desde la página 167 hasta la 257.

[29] Véase RÜTHERS, Bernd. Derecho degenerado. *Teoría jurídica y juristas de cámara en el Tercer Reich*. Marcial Pons, Madrid, 2016.

nales"[30]. Ni siquiera aspiramos otorgar una clave de lectura para clarificar la transición del *koiné* de la teoría de la ley hacia la hermenéutica más inestable. Al contrario, queremos otorgar herramientas para que los justiciables y operadores jurídicos en Venezuela puedan establecer un patrón o líneas que otorguen una hoja de ruta jurisprudencial ante ese cúmulo de decisiones -inconexas y torpes muchísimas veces- para cuando sea el momento de adecentar nuestro poder judicial. Para ello este libro. Que, para el mejor aprovechamiento, sin compartir el desorden jurisprudencial en el actual TSJ, lo hemos dividido en tres partes.

La primera centra su atención en una pregunta válida ¿Derecho jurisprudencial o jurisprudencia del Derecho? Allí abordamos el *quid* teórico que nos ha traído hasta el atolladero de nuestros días que, por cierto, nada tiene que ver con doctrinas políticas o posturas de lo que en algún momento los propios magistrados del TSJ denominaron "justicia funcional, antiformalista y social"[31]. El estado actual de las cosas -estado de la

---

[30] Hacemos referencia al injustificable fallo de la Sala de Casación Civil número RC-000239 de fecha 18 de noviembre de 2020 (Caso: *Unidad Educativa Los Chiquilines, C.A.*) en el cual inexplicablemente se reformó el contenido del artículo 252 del Código de Procedimiento Civil (principio de irrevocabilidad de las sentencias) basándose en una decisión de la Sala Constitucional (N° 2.231 de fecha 18-08-2003) en la cual imprudentemente afirmó que "(…) *el juez está legitimado para revocar su propia sentencia al ser advertido de un error que conduzca a una lesión de un derecho constitucional* (…)".

[31] El 26 de enero de 2006, el entonces magistrado de la Sala Constitucional, Eduardo CABRERA ROMERO, fue enfático en su discurso de apertura del año judicial venezolano para ese mismo año, al catalogar la justicia nacional como un instrumento para que "(…) el pueblo ávido de un cambio social de justicia lo *solicitó y fue complacido con la implementación de una legislación acorde con su clamor*, en el cual el Estado garantizará el estado de derecho, la equidad y un excelente desarrollo social (…)" (Cursivas nuestras). Posteriormente, durante la

ciencia como se decía en antiguo lenguaje académico- proviene del cambio paradigmático del *koiné* de la teoría de la ley hacia la hermenéutica jurídica sin que el sistema jurídico haya podido establecer anclajes de seguridad hermenéuticos como ocurre en el *common law* con la doctrina del *stare decisis.* Así, revisaremos los denominados poderes hermenéuticos del juez, circunscritos al pentágono conceptual de ponderación, hermenéutica, interpretación, aplicación y argumentación.

La segunda parte del libro, desde una narrativa más analítica, despeja conceptualmente un error común en nuestro Derecho como es la de invocar "precedentes" en un país donde precisamente no existe dicha técnica sino la denominada doctrina jurisprudencial vinculante. Es sumamente importante que el lector entienda las distinciones altamente contrastadas entre el concepto de precedente y el de doctrina jurisprudencial.

---

apertura del año judicial venezolano 2007 (26/01/2007), el orador de orden en esa oportunidad fue el entonces Presidente del TSJ, hoy fallecido, Magistrado Omar MORA DÍAZ. En su discurso logró colar la subordinación del Poder Judicial venezolano a los designios del actual Presidente de la República, al aceptar un llamado que hiciera el propio Hugo CHÁVEZ FRÍAS a todos los órganos del Estado, acerca del ejemplo revolucionario. En la apertura del año judicial venezolano de 2008 (28/01/2008), la entonces Presidente del TSJ, Magistrada Luisa Estela MORALES LAMUÑO señaló la importancia del rumbo judicial que garantice "(...) como un ideal de igualdad y de paz, que los excluidos de la justicia logren encontrarse con sus jueces (...)". Acto seguido, el orador de orden, Magistrado de la Sala Constitucional Francisco CARRASQUERO, fue enfático en la legitimidad que tienen los jueces -sobre todo los que ejercen competencia constitucional- "(...) Especialmente la Sala Constitucional *como máxima intérprete de la Constitución Bolivariana.* Hoy como nunca la sociedad venezolana tiene un *ampuloso acceso a la justicia humana e igualitaria* para dilucidar los conflictos jurídicos sociales en función de las *necesidades del pueblo* (...)" (Cursivas nuestras). Los discursos citados pueden ser recuperados en la website del Tribunal Supremo de Justicia de Venezuela, específicamente en el link que archiva las "Notas de Prensa" [http://www.tsj.gov.ve].

Esto es necesario para poder entender las técnicas de organización de las decisiones judiciales que estudiaremos en la tercera parte.

Finalmente, la última parte del libro aborda de lleno los métodos para la organización de los contenidos jurisprudenciales, diseccionando, los tres grandes métodos adaptados a nuestro sistema de doctrina jurisprudencial vinculante: el método del argumento de autoridad, el método cliométrico y el método de sistematización lógico-temática. En este acápite debo hacerme responsable por la implantación de la *cliometría* en el Derecho venezolano. Nuestra tesis doctoral que mencionamos al inicio de esta introducción precisamente es la materialización del transplante del lenguaje sobre el estudio de las etapas económicas a las etapas de una institución jurídica, en este caso, de la doctrina jurisprudencial vinculante de la casación civil sobre los contratos entre 1876 hasta 2006.

Como en toda obra, quiero extender siempre los agradecimientos pertinentes. En primer lugar, con el prologuista de este libro, el académico RAMÓN ESCOVAR LEÓN, quien ya nos une más de década y media de amistad y sincera admiración por su trabajo en pro del enriquecimiento jurídico. Estamos preparando un Seminario conjunto con el profesor ESCOVAR sobre "estilo, argumentación y razonamiento judicial". El reto vivencial que queremos afrontar para estos temas comunes, como ha indicado en sus múltiples conferencias el citado académico de número, será la preparación de un *manual de estilo judicial*, como existe en Francia[32], Perú[33], entidades federales de

---

[32]   Al respecto, véase LASSER, Mitchel. "Le style judiciaire français en question. Una anlyse réaliste des effets de la jurisprudence européenne sur "le procèss équitable". En: *Droit et Societé*, número 21, 2015, pp. 473-489.

[33]   ACADEMIA DE LA MAGISTRATURA. *Manual de redacción de decisiones judiciales*, Lima, Proyecto de Reforma de apoyo al sistema judicial del Perú, 2008, 174 pp.

México[34], Chile[35] o España[36], por citar algunas de las naciones donde cada vez es una necesidad imprescindible para la propia operatividad del Poder Judicial. Venezuela más temprano que tarde debe, si pretende ingresar al mundo desarrollado, contar - y apostar ciegamente- por un sólido poder judicial que se caracterice por una jurisprudencia innovadora y realista, pero, consolidada y respetuosa de la separación de poderes y los derechos fundamentales. En pocas palabras, un Poder Judicial democrático y garante de la democracia por sobre cualquier axioma o ideología.

A mis exalumnos del doctorado en Derecho de la UCAB (cursos 2019-2020 y 2020-2021), quienes, en las inmensas horas de silencio creador durante el confinamiento de 2020, jamás dejaron de cultivar las ciencias jurídicas; animándome para la preparación del seminario[37] que fue el germen del presente libro.

---

[34] CONSEJO DE LA JUDICATURA DEL ESTADO DE NUEVO LEÓN (México). *Manual de redacción y estilo del Poder Judicial del Estado de Nuevo León,* México, 2014, 122 pp.

[35] COMISIÓN DE LENGUAJE CLARO DEL PODER JUDICIAL DE CHILE. *Manual de estilo para redacción de sentencias,* Santiago de Chile, 2019.

[36] MUÑOZ MACHADO, Santiago (Dir.). *Libro de Estilo de la Justicia,* Real Academia Española-Consejo General del Poder Judicial, Madrid, 2017, 480 pp.

[37] Quiero también agradecerles porque además del Seminario intensivo sobre análisis jurisprudencial, compartimos en el de *elocución y composición,* donde impartí los pormenores de lo que ya no se enseña en nuestros días, específicamente, lo que se conoce como literatura preceptiva. Nosotros aprendimos hace muchísimos años con la obra del R.P. JESÚS MARÍA RUANO SJ. *Lecciones de literatura preceptiva. Teoría y modelos,* Librería Voluntad, Santa fe de Bogotá, 1956, pp. 67-180. A pesar de las horas de incertidumbre en esos meses, salvo a veces que fallaba la conexión a internet, jamás se perdió la capacidad para el aprendizaje y la profundización en las ciencias.

Quiero agradecer con especial ahínco a las personas que nos invitaron a participar en el naciente proyecto institucional con proyección más allá de nuestras fronteras, la ASOCIACIÓN CIVIL VENEZOLANA INSTITUTO DE PROMOCIÓN INTEGRAL (AVIPRI), en la persona de su Presidente, motor de grandes e históricas iniciativas en el estado Lara, la reconocida abogada Crismary ÁLVAREZ PEREIRA. AVIPRI subvenciona esta publicación que será la primera de innumerables en el futuro.

No puede quedar a un lado el agradecimiento eterno al profesor Allan R. BREWER-CARÍAS y a la EDITORIAL JURÍDICA VENEZOLANA por la publicación de este nuevo libro, que como en los últimos años, ha sabido depositar la confianza en nuestra obra. Un sincero "gracias" por tantas oportunidades brindadas en el mundo de las publicaciones.

Barquisimeto, 3 de febrero de 2023

PRIMERA PARTE:

¿DERECHO JURISPRUDENCIAL O JURISPRUDENCIA DEL DERECHO?

I. LA TRASLACIÓN DEL "KOINÉ" DE LA TEORÍA DE LA LEY A LA HERMENÉUTICA JURÍDICA: FUNDAMENTO DE LA INTERRELACIÓN DEL SISTEMA JURÍDICO CIVIL LAW CON EL COMMON LAW

No pretendemos que esta obra detalle pormenorizadamente los fundamentos filosóficos del cambio de tiempos que nos ha tocado vivir en los estrados judiciales. En otra oportunidad explicitamos los detalles de esta peculiar era del Derecho[1]. Sin embargo, es necesario conocer las razones por las cuales, en 2023 sea tan crucial -y hasta para algunos indispensable- la sistematización y conocimiento de la jurisprudencia, patología que ni siquiera asomaba atisbos en la década de los 90 del siglo XX en nuestros años de aulas universitarias. Sin este fundamento, sin la explicación racional que va más allá del comodín epistemológico de las "razones políticas", el lector jamás entendería

---

[1] Véase URBINA MENDOZA, Emilio J. "Ética de la interpretación jurídica", en: *Táchira Siglo XXI,* Número 22, 2002, San Cristóbal, Universidad Católica del Táchira. En este momento nos encontramos trabajando en la actualización de este análisis en la filosofía del Derecho y la hermenéutica jurídica.

por qué hoy debe organizar la doctrina jurisprudencial que se ha tornado vinculante si su pretensión procesal aspira terminar siendo estimada por el sentenciador. Aunque parezca ilusorio, todo este nuevo mundo globalizado nos introdujo en una suerte de interrelaciones, que por más que prevalezcan ideas-fuerzas cercanas a un totalitarismo sin lágrimas, no es más que las consecuencias de haber girado el péndulo que centraba el objeto de todas las ciencias, incluyendo, el Derecho.

Iniciando el siglo, la reconocida profesora MARIE-DIMINIQUE TRAPET, se formulaba una hipótesis que para el momento lucía como una suerte de especulación nada creíble: la introducción de elementos y componentes del *common law* en las instituciones judiciales y procesales del *civil law*[2]. La cada vez más persistente realidad de nuestros sistemas jurídicos -sobre todo los latinoamericanos- poco a poco fueron confirmando lo que parecía una difícil conjetura.

Desde la introducción del Derecho moderno a finales del siglo XVIII, potenciado tras los procesos codificadores europeos, el *koiné*[3] del edificio jurídico en occidente se concentró en el concepto de la teoría de la ley. Sin entrar a valorar los pormenores de este componente de la teoría del Derecho[3], el concepto

---

[2] TRAPET, Marie-Dominique. "L'hyphothèse de l'americanisation de l'institution judiciaire" en: *Archives de Philosophie du Droit*, Dalloz, nº 47, París, 2001, pp. 117-135.

[3] Se entiende por "koiné" o también en español "coiné", según del Diccionario de la Lengua Española (DLE) un vocablo que proviene del griego y cuyo significado es *"Lengua griega común, derivada del ático, que fue de uso general en el mundo helénico tras las conquistas de Alejandro Magno/Lengua común que resulta de la unificación de ciertas variedades idiomáticas"*. Emplearemos el segundo significado para resaltar el significado y alcance del vocablo en el presente libro.

[3] Para más detalles véase RUS RUFINO, Salvador. *Justicia, Derecho y fuerza: el pensamiento de Transímaco acerca de la ley y la justicia y su función en la teoría del derecho*. Editorial Tecnos, Madrid, 2001.

de ley fue el eje central del discurso jurídico, sometiéndose la actividad judicial bajo los cánones obligatorios de la silogística so pena de incurrir en violación al recién consolidado principio de la separación de poderes[4].

Los parlamentos se encargarán de sancionar las leyes, y el juez, aplicarlas sin indagar lo tocante a la bondad o defectos de aquéllas[5], cual primer deber de un concepto maximizado del Derecho romano circunscrito al *custodiat et secundum eas proferiat sententias,* como indica las *Novelae* justinianea[6]. Así, en la teoría de la ley, sólo podemos hablar de dos conceptos: interpretación y aplicación de la misma donde aquélla, fue un momento ejecutivo y posterior a la creación, por tanto, secundario y ocasional[7]. Este *koiné* clásico de la ley transformará en dogma la posición del juez como la *bouche qui prononce les paroles de la*

DERRIDA, Jacques. *Fuerza de ley: el fundamento místico de la autoridad,* Editorial Tecnos. Madrid, 1997. ALBERT MÁRQUEZ, José JESÚS. "Fundamentos de la teoría de la ley y de la justicia en el iusnaturalismo clásico y en la teoría comunicacional del Derecho". En: MEDINA MORALES, Diego (Dir.), *Ordenamiento y sistema en el Derecho,* Tirant lo Blanch, Valencia, 2018, pp. 175-198.

[4] No en vano, una de las instituciones del Derecho moderno, la *Casación,* nace precisamente como un remedio (función nomofiláctica) para proteger el imperio de la ley ante la subjetividad natural de la actividad judicial. Sobre el particular, véase CALAMANDREI, Piero. *Casación civil,* EJEA, Buenos Aires, 1959. SATTA, Salvatore. "Passato e avvenire della Cassazione", en *Rivista Trimestrale di Diritto e Proceso Civile,* número 3, 1962, pp. 946-977. También, véase los comentarios sobre la nomofiláctea casacional y su anacronismo en BELLO TABARES, Humberto Enrique III. *La Casación Civil. Propuestas para un recurso eficaz y constitucional.* Ediciones Paredes, Caracas, 2010, pp. 244-246.

[5] FIORE, Pascuale. *De la irretroactividad e interpretación de las leyes.* Editorial Reus, Madrid, 1927, p. 551.

[6] *Novelae,* 73.

[7] FROSINI, Vittorio. *La letra y el espíritu de la ley.* Editorial Ariel, Barcelona, 1995, p. 65.

41

loi[8], cual *être inanimé* que sólo debe encuadrar el hecho alegado con la perfección abstracta de la ley sin que pueda emplear cualquier potestad salvo la de *addiuvandi, supplendi, corrigendi iuris civilis gratia propter utilitatem publicam*, propios de los jueces integrales.

En plena revolución francesa, ROBESPIERRE, fue todavía más radical al negar toda posibilidad a la jurisprudencia. *"Esa palabra de jurisprudencia de los tribunales, en la acepción que tenía en el antiguo régimen, nada significa en el nuevo, debe borrarse de nuestro idioma. En un Estado que cuenta con una Constitución, una legislación, la jurisprudencia de los tribunales no es otra cosa que la ley; así hay siempre identidad en la jurisprudencia"*. Consolidados los principios del nuevo régimen francés la obra codificadora de Napoleón conllevó a la prohibición de cualquier interpretación, al igual como lo hicieron muchos de sus predecesores en otros reinos. Aquí se originará la Escuela de la Exégesis, uno de cuyos miembros más destacados (DEMELOMBE, JEAN-CHARLES. *Cours de Code Napoleon*, París, 1878) hará un cabal retrato al escribir: "(…) *Mi divisa, mi profesión de fe"*, es esta *"los textos ante todo* (…)".

Este concepto pasó sin límites a nuestro Derecho -y todavía sigue vigente- reflejado en las exigencias normativas del encabezado del artículo 4 del Código civil, el cual, ordena que *"a la Ley debe atribuírsele el sentido que aparece evidente del significado propio de las palabras, según la conexión de ellas entre si y la intención del legislador"*[9].

---

8   MONTESQUIEU, Baron de Secondat. *L'Esprit des lois*. XI, 6.

9   A los efectos de evitar una desviación argumental de este libro, es necesario explicar, en esta nota de página, el papel que jugó en la teoría clásica el concepto de "intención del legislador", que, en nuestro Derecho ya poco se puede leer en las sentencias proferidas por el TSJ, salvo, por conveniencias procesales. Toda interpretación legal, visto según este dispositivo del Código civil venezolano, gira en torno a la

indagación de la mente y el espíritu de la ley. La teoría clásica de la interpretación, inmersa bajo un profundo sentido animista, no conformó una teoría unitaria ni pacífica. Desde sus inicios se planteó un dilema todavía vigente. Interpretar es buscar la mente, muy bien, pero ¿Cuál mente? ¿La del legislador ya muerto? ¿La de una supuesta ficción de la ley viva? Las soluciones propuestas para resolver el conflicto se identifican con las direcciones fundamentales de la teoría clásica acerca de la interpretación de la ley. Estas direcciones no son dos como sugieren los términos del dilema, son tres a saber: 1.- *La mens legis y la negación de la interpretación*. Interpretar la "mente de la ley" parece implicar el seguir la ley de modo fiel y estricto, incompatible con cualquier labor interpretativa. Esta teoría, capaz de reducir al absurdo problema de la interpretación, encontró históricamente, un poderoso impulso en razones políticas fuertes, directas y con decisivo peso en la ciencia jurídica. La expresión más típica de la escuela la encontramos en la época romana postclásica y en la prohibición de JUSTINIANO de interpretar sus compilaciones de Derecho romano, una vez que aprueba el *Digesto*. Vedó el emperador expresamente a los juristas posteriores, comentar el texto para no confundir con sus despliegues de retórica innecesaria. Otra manifestación de la teoría se aprecia en la concepción jurídicopolítica del absolutismo monárquico precursor de la edad moderna, acerca del nuevo rol del Estado. HOBBES será una de las figuras representativas de esta tendencia. MONTESQUIEU, predecesor en muchos aspectos del período revolucionario e ilustrado francés, ha sido el exponente más destacado de la negación de toda interpretación como ya lo explicamos con anterioridad. Frente al sistema monárquico, el cual admite la posibilidad de seguir, en casos extremos la *mens legis*, en el gobierno republicano es de naturaleza de la Constitución que los jueces se acomoden a lo literal de la ley; no hay ciudadano contra quien se pueda interpretar ninguna ley, cuando se trata de su hacienda, su honor o su vida. 2.- *La mens legislatoris o teoría subjetiva de la interpretación*. Siguiendo el esquema de CASTÁN TOBEÑAS, éste señala que los juristas pronto caerían en cuenta que la supuesta objetividad de la ley (CASTÁN TOBEÑAS, José. *Teoría de la Aplicación e Investigación del Derecho*. Editorial Reus, Madrid, 1947, p. 15), que contiene todas las respuestas a todos los casos resulta ser demasiado ingenua y falsa a la hora de concretar un problema jurídico. De esa manera los juristas legalistas, para evitar cualquier manifestación de contradicción o defectos en la novísima teoría (debemos recordar que los iusmodernistas creían ciegamente que habían logrado la mayor perfección intelectual de la historia), logran establecer la posibilidad y obligatoriedad de aplicar junto a las palabras mismas de la ley, la voluntad expresa o implícita del autor de la ley, es decir, del legislador. Con esta inclusión, la frase "espíritu, propósito y razón" se introduce en la mayoría de los artículos relacionados con la actividad interpretativa que nos acompañarán hasta nuestros días por los férreos defensores del intencionalismo de la ley, y que termina por colocar al intérprete sobre el diván que determina una especie de actividad reconstructiva, de naturaleza histórico-psicológica, sobre el pensamiento o voluntad original del legislador. Esta postura descansa, también, sobre un trasfondo político absolutista, ya que, si bien se elimina con la Revolución francesa al monarca, sus poderes son trasladados *in toto* hacia el legislador. DE CASTRO Y BRAVO considera la teoría como la más conforme con el régimen jurídico en el cual la ley aparece como el mandato de un legislador universal y con un poder universal (CASTRO Y BRAVO, Federico de. *Derecho civil en España*. Instituto de Estudios Políticos, Vol. I, Madrid, 1955, p. 498). La teoría subjetiva de la interpretación se vestirá tiempo después de las codificaciones con el ropaje del idealismo filosófico postkantiano. En la filosofía de la historia de HEGEL, se culmina la obra de divinización del Estado y su voluntad, aunque esa voluntad no sea, en HEGEL, subjetiva ni siquiera objetiva, sino una síntesis dialéctica de ambas, absoluta. 3.- *La mens legis como teoría objetiva de la interpretación*. Con la renovación de la exégesis legal operada a finales del siglo XIX y principios del XX, producirá como consecuencia el *jurisprudencialismo de los conceptos* (Phillipe HECK), fundada en la labor dogmática de Savigny, quién consideró la moderna teoría de la interpretación como una reconstrucción del pensamiento contenido en la ley. El fin para esta tercera corriente que se generó en torno a la doctrina clásica de la aplicación de Derecho, fue buscar el reconocimiento de la ley en su verdad. El pensamiento supra expresado evidencia el deseo por separar el texto legal de la voluntad psicológica del legislador. Las exigencias de la organización del Estado moderno, en sus complicados y pluripersonales órganos, y el deseo de dar objetividad científica y exactitud matemática a la interpretación, impulsó a los teóricos al abandono del resbaladizo camino de las premisas psicológicas, la esclavitud respecto a los precedentes y a suponer la existencia de una voluntad independiente sobre lo cual se puede libremente construir y sistematizar.

Gráficamente, el modelo jurisprudencial del *koiné* basado en la teoría de la ley es:

El razonamiento judicial se somete obligatoriamente a la ley. Y éste a su vez influye directamente en la construcción de la historia de los métodos de interpretación jurídica, así como, el discurso hermenéutico judicial nacional, que, con la evolución de la Casación ésta última asume funciones netamente de uniformidad en la jurisprudencia[10]. También, dichos métodos universales se les autoriza para influir en el discurso hermenéutico nacional tal como se indican en las flechas de direccionamiento del gráfico.

La explicación luce sencilla y hasta blindada, máxime cuando por décadas fue un esquema altísimamente exitoso para la preservación del orden jurídico. Y si fue así, ¿por qué sucumbió ante los interpretativismos extremos de hoy? Si bien es cierto la nueva hermenéutica jurídica -gadameriana para más señas[11]-

---

[10] Véase BELLO TABARES, Humberto Enrique III. *Ob. Cit.,* pp. 246-247. También, RENGEL-ROMBERG, Arístides. *Tratado de Derecho procesal civil venezolano. Según el nuevo Código de 1987.* Altolitho, Tomo V, Caracas, 2007, pp. 67-83.

[11] Expone GADAMER, Hans-George. *Verdad y método.* Ediciones Sigueme, Vol I, Salamanca, 1993, p. 218 "(…) No sólo la tradición literaria es *espíritu enajenado y necesitado de una nueva y más correcta apropiación*; todo lo que ya no está de manera inmediata en su mundo y no se expresa en él, en consecuencia toda tradición, el arte igual que

jugó un papel relevante al darle forma a los cambios, el germen de la traslación de *koiné* lo originaría el propio KELSEN al evolucionar su teoría del Derecho por grados como ya veremos, que en este plano, se operacionaliza en la teoría funcional de la aplicación del Derecho.

La respuesta al acertijo a nivel epistemológico la aportó GIANNI VATTIMO hace más de 30 años en uno de sus más destacados trabajos, traducido al español y publicado en la prestigiosa *Revista de Occidente* fundada por ORTEGA Y GASSET. VATTIMO explica que, a finales de los años 70 del siglo XX, operó un cambio del eje de la centralidad científica, en nuestro caso, del estructuralismo hegemónico hacia una hermenéutica renovadora[12]. Es por esta razón que la palabra hermenéutica se esgrima con mayor fuerza que en décadas anteriores, siendo la principal responsable de las modificaciones en la teoría del Derecho[13].

El *koiné* se trasladó progresivamente de la teoría de la ley hacia la hermenéutica, olvidándose casi por completo el papel de la norma en la actividad judicial. De esta manera, en ese conflicto constante en la cima del Poder Público de casi todos los Estados modernos, los jueces antaño relegados; hogaño deciden asumir con protagonismo el nuevo *koiné* basado en la hermenéutica, concepto que abordaremos más adelante. Inclusive, para nuestros tiempos, la ley pasa ahora a concebirse eufemística-

---

todas las demás creaciones espirituales del pasado, *el Derecho*, la religión, la filosofía, etc., *están despojadas de su sentido originario y referidas a un espíritu que las descubra y medie, espíritu que con los griegos dieron el nombre de Hermes, el mensajero de los dioses* (...)" (Cursivas mías).

[12]   VATTIMO, Gianni. "La hermenéutica como Koiné". En: *Revista de Occidente,* Fundación Ortega y Gasset, Nº 80, Madrid, 1988 (enero), pp. 101-103.

[13]   Véase TRUJILLO, Isabel. "EL poder de la razón jurídica. Notas sobre el desarrollo de la hermenéutica jurídica italiana". En: *Doxa,* Universidad de Alicante, Nº 27, 2004, pp. 437-453.

mente como un "texto"[14], del cual, su interpretación va más allá de las intenciones de su autor legítimo (legislador), donde juega un papel estelar la intención del propio intérprete, en esta oportunidad, del juez que también aporta su cosmovisión al problema judicial que resuelve y lo transforma en fuente que coloquialmente también llama *jurisprudencia*. De allí las razones para entender que cuando nos encontramos en el actual paradigma cuyo *koiné* en Derecho es el hermenéutica extrema, la propia concepción de la jurisprudencia no es la misma que aprendimos de la teoría de la ley.

En Venezuela comienza la transformación con una decisión de la Sala de Casación Civil de la extinta Corte Suprema de Justicia. Corría 1989. Año de cambios radicales en la estructura del Estado venezolano, así como, en los cimientos del sistema político instalado en 1958. La Sala de Casación dicta sentencia el día 4 de octubre de 1989, resolviendo un recurso con lugar[15], basado en un concepto que hoy luce casi indiferente para las nuevas generaciones de abogados -incluyendo las más recientes sentencias del TSJ- como es la interpretación *contra legem*. El artículo 197 del Código de Procedimiento Civil (en adelante CPC) de 1986, había fijado de manera clara y concisa la forma en que debía computarse los lapsos procesales, siendo el tenor así:

---

[14] Hacemos referencia a la errónea descontextualización de la postura para la literatura que formula ECO, Umberto. *Los límites de la interpretación,* , Editorial Lumen, Barcelona 2000, pp. 29-32. El autor en ciernes explica sobre la tricotomía entre interpretación que busca la *intentio auctoris* (intención del legislador por así decirlo), la interpretación como búsqueda de la *intentio operis* (intención del texto de la ley), e interpretación como "imposición" de la *intentio lectoris* (intención del intérprete, en nuestro caso, del juez al momento de aplicar el proceso hermenéutico).

[15] Corte Suprema de Justicia/Sala de Casación Civil. Caso: *Ramón Martínez Zuloaga vs. Yolanda Tepedino de Ciliberto.*

Artículo 197. Los términos y lapsos procesales se *computarán por días calendarios consecutivos*, excepto los lapsos de pruebas, en los cuales no se computarán los sábados, los domingos, los Jueves y Viernes santos, los declarados días de fiesta por la Ley de Fiestas Nacionales, los declarados no laborables por otras leyes, ni aquéllos en los cuales el Tribunal disponga no despachar. (Cursivas nuestras)

El dispositivo se encontraba en ese entonces recientemente aprobado (reforma del CPC de 1986), que como lo indicó la sentencia en cuestión, su redacción se inspiró por el *"principio de celeridad procesal, de alta, pero no exclusiva consideración"*. Con esta nueva regla, el legislador modificaba la anterior realidad del Código de 1916 sobre el cálculo de los lapsos -por cierto materia de orden público- que se dividía en diferentes tipos (días hábiles, días de audiencia, días calendarios). La simplificación facilitaría una justicia más expedita que la experimentada durante la vigencia del CPC de 1916.

Ahora bien, la Sala, en uso de las facultades jurisdiccionales del denominado CONTROL DIFUSO DE LA CONSTITUCIONALIDAD (*judicial review*), previsto en el artículo 20 del propio CPC, examina el caso y esgrime que una "interpretación literal" (que es la correcta), entraba en franca contradicción con el principio de la legalidad procesal, en cuanto, que los justiciables al aplicarse el artículo de marras resultará siempre menor a los días que efectivamente le concede el recurso o el plazo para ejercer su correspondiente derecho. La CSJ analizaba hipótesis cuando un lapso comenzaba un día jueves (*vgr*. Apelación que son 5 días) empezando a correr el día viernes hasta cumplirse el día martes. Si por ejemplo ese viernes o inclusive el lunes y el martes el Tribunal no disponía a dar despacho, entonces, esos 5 días efectivamente se reducían a uno solo, que era el día cuando se despachara "efectivamente".

Adicional a este razonamiento, introdujo un concepto que ni era contemplado en el CPC ni mucho menos en otras leyes procesales, como es la calificación de "lapsos largos y lapsos cortos", hecho arbitrario criticado durante varias décadas por la doctrina[16]. Por ello, la SCC/CSJ estableció:

> "(…) de conformidad con el artículo 20 del propio Código de Procedimiento Civil, este Alto Tribunal se aparta de la interpretación meramente literal del artículo 197 del Código de Procedimiento Civil, y a tal efecto respecto del cómputo para los lapsos y términos del proceso civil en Venezuela, establece las siguientes normas aplicables a los procesos a partir de la fecha de la publicación de esta sentencia (…) solo se computarán por días calendarios consecutivos los lapsos o términos de mayor duración. Los lapsos se computarán por días calendarios consecutivos en los cuales se *haya acordado oír y despachar y no por días consecutivos* (…) (Cursivas nuestras)

La sentencia posee dos votos salvados donde claramente afirmaron que la "(…) *única interpretación posible es la literal* (…)", ya que, la mayoría sentenciadora "(…) *con el fundamento de mantener a salvo el derecho constitucional a la defensa, inviolable en todo estado y grado del proceso, la Sala deroga la norma legislativa, sustituyéndola por una nueva, violentándose así los principios de hermenéutica jurídica, pues desde el punto de vista histórico, es un regreso al pasado, a la confusión y anarquía que ya se creían superadas en esta materia* (…)".

De forma sorprendente los disidentes apelaron a la hermenéutica jurídica, la misma que se construyó a la sombra de la teoría de la ley como *koiné*, y que ahora, usando como vehículo

---

[16] Véase BREWER-CARÍAS, Allan R. "La sentencia de los lapsos procesales (1989) y el control difuso de la constitucionalidad de las leyes", en: *Revista de Derecho Público*, número 40, 1989 (octubre-diciembre), pp. 157-175.

un mecanismo de control constitucional, se abordaba otra forma de interpretarla para derogar una norma y "(…) *usurpar funciones, bajo el pretexto de una nueva interpretación, para cambiar total y absolutamente el contenido, el sentido y el propósito de la Ley. La está sustituyendo por una norma nueva en su contenido literal y jurídico, lo cual no está dentro de las funciones de esta Sala (…)*" (SIC)

A partir de esta decisión nuestra historia jurisprudencial fue poco a poco trasladándose de un *koiné* a otro, con el agravante que las normas legislativas relativas a la interpretación siguen vigentes (Art. 4 del Código Civil, Art. 23 del Código de Procedimiento Civil, inclusive me atrevo a incluir el 335 de la Constitución de 1999[17]) donde en ninguno espeta sobre la ponderación ni de otros métodos; y, en el caso de la normatividad infra-constitucional, también esta responde al viejo *koiné* que acabamos de explicar: *razonamiento judicial sometido a la ley*. Repetimos, no dice el Juez sino el razonamiento judicial que establece calidad silogística. Ella me alimenta la historia de los métodos globales y me sustenta el discurso hermenéutico nacional.

Visto esto, si esto fuera tan así, apreciados lectores ¿para qué escribir este libro sobre análisis jurisprudencial? ¿Por qué si es así, entonces, yo tengo que empezar a revisar jurisprudencia por jurisprudencia, inclusive, antes de introducir una demanda o cuando evacuamos un dictamen o consulta extraprocesal?

Pero resulta que hoy en día tenemos esta realidad -yo quiero comenzar por el final y usted apreciado lector me increpará: profesor ¿por qué lo dice?"-. Muy diferente, cuando

---

[17] El artículo es enfático en reconocer la "interpretación constitucional", no me habla de ponderación ni de argumentación constitucional, por lo que cualquier operación de estas potestades empleadas por la Sala Constitucional serían vedadas y sin fundamento alguno. El artículo 10 del Código de ética del juez venezolano si reconoce la argumentación como facultad hermenéutica de los jueces.

nosotros nos sentamos a precisar las principales características o rasgos que ha presentado no solo las decisiones del Tribunal Supremo de Justicia, porque sería injusto imputar que todo es culpa del activismo del TSJ y su Sala Constitucional. Es obvio que tienen una altísima cuota de responsabilidad en la mixtificación -yo prefiero utilizar ese eufemismo- del sistema jurídico venezolano.

El TSJ sí tiene un evidente protagonismo en la cristalización de un interpretativismo extremo, que si bien el fundamento es global como lo explicamos en las páginas anteriores, nuestros pecados locales se debe a dos imprudencias: 1. La indisciplina en el manejo conceptual en Venezuela de ese universo de la nueva hermenéutica jurídica; y, 2. El traslado del método de interpretación o, diríamos, el método de trabajo del Derecho Constitucional a otras ramas del Derecho con las consecuencias del desmontaje de los principios y demás mecanismos protectorios de cada una de esas ramas.

Gráficamente nuestro nuevo *koiné*, basado en la hermenéutica y no en la teoría de la ley sería así:

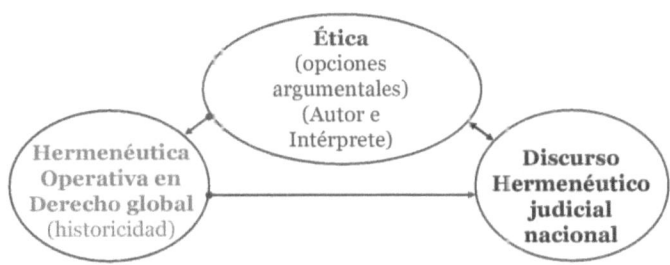

Fíjense ustedes: el *Koiné base*: La hermenéutica jurídica; es decir, lo que ROSLER habla de la era post DWORKIN o lo que llamamos también modelo jurisprudencial postmoderno-crítico-ponderativo, en contraposición a ese modelo del Código Civil que heredamos de la modernidad de la teoría de la Ley.

Si ustedes ven este gráfico es diferente al anterior. Ya no hay, ya no está en el puesto predominante el razonamiento judicial sometido a la Ley. Aquí lo que debe prelar como componente guía de los jueces es lo que califiqué hace más de dos décadas como *Ética de la interpretación*; es decir, cómo el juez - no para que sea bueno o malo- en su quehacer de dictar sentencias, pueda discernir entre opciones argumentales técnicamente equipolentes[18].

En este caso las opciones argumentales donde autor-intérprete (el juez) y también las partes "interpretan" o trabajan hermenéuticamente. El juez no tiene ese monopolio decisorio. Por eso se habla, fíjense bien, de esta ética que influye en la hermenéutica operativa del Derecho global (es decir, en los métodos globales, historicidad) y en el discurso hermenéutico judicial nacional.

Si nos detenemos en el gráfico, nótese como cambian las opciones. Observen detalladamente las flechas. En este caso hay un *feedback* [discurso hermenéutico judicial nacional y ética] y en esta situación la hermenéutica sigue alimentando [al discurso hermenéutico judicial nacional]. Aquí existe una, diríamos, una construcción completamente diferente al modelo anterior [relación ética a hermenéutica operativa en el Derecho global]. Este es *koiné* de la hermenéutica, la era post DWORKIN, que pudiéramos bautizar como el modelo al que llamamos modelo jurisprudencial postmoderno-crítico-ponderativo.

Entonces si es así ¿pudiera verificarse la hipótesis de americanización del *Civil Law*, que expone la profesora TREPET, citada al principio de esta primera parte del libro? Es decir, si usted nos está hablando del fin de aquel modelo de la teoría de la ley

---

[18]   URBINA MENDOZA, Emilio J. ... *Ética de la interpretación* ... pp. 64-65. En esa oportunidad presenté la opción de la llamada *ética en la situación* durante el proceso de discernimiento ético del juez al momento de encontrarse con dos -o más- posibles soluciones técnicas susceptibles de convertirse en sentencias totalmente válidas.

y ahora pasamos a otro jurisprudencial postmoderno y ponderativo de *koiné base* que es la hermenéutica, entonces ¿nos estamos trasladando al mundo anglosajón? No. Yo respondería: no. Simple y llanamente lo que está ocurriendo es una triple transformación bajo las siguientes coordenadas.

En primer lugar, el fundamento de la encarnación del sistema jurídico *civil law* con el *commom law*, ambos han trasladado su base de la teoría de la ley y la teoría de la fuente, a la hermenéutica jurídica como indicamos en las páginas que preceden. Por eso es que ahora el *koiné* base es otro y a partir del mismo *koiné*, que ya yo he explicado, significa que el centro de toda ciencia sufrió cambios irreversibles, sin contar, claro está, esta tendencia ahora potenciada, desde 2020, con la transición del modelo crítico/lineal del Derecho hacia el cuántico/fractal[19] que colocaría mayor teluridad al asunto y que más de uno no podría dormir tranquilo ante lo que sucederá luego de 2025 en todo el orbe jurídico.

En segundo lugar, es importante poner orden conceptual que, como indican los jesuitas, facilita la disciplina intelectual para afrontar mejor los problemas y saber colocar el atinado nombre a las cosas[20]. Sorprende -y nos preocupa- cómo se emplean términos de forma desordenada, tales como "activismo judicial", "política en los tribunales", y otras tantas. Para comprender mejor este libro, sugeriré, como apunta ARISTÓTELES para conciliar "el universo del discurso", tres conceptos propios de la nueva hermenéutica como *koiné*.

---

[19] Véase URBINA MENDOZA, Emilio J. "Derecho público del algoritmo. Reflexiones sobre la transición de la modernidad jurídica crítico/lineal a la cuántica/fractal", en: *Revista de Derecho Público*, número 161-162, 2020 (enero-junio), pp. 11-39.

[20] Véase REY FAJARDO, José del. *La república de las letras en la Babel étnica de la Orinoquia*. Academia Venezolana de la Lengua, Caracas, 2015, pp. 7-8.

1. GOBIERNO DE LOS JUECES: Sin entrar a valorar las diferentes tendencias sobre el término[21], lo entendemos como *el uso de la jurisdicción, de forma consuetudinaria y sostenida, para ser el árbitro "político" de un Estado*. Por eso se llama gobierno de los jueces, cuando la jurisdicción (*iurisditio*), y, no el tribunal, sino la jurisdicción que decide con las consecuencias extremas del vocablo (y todos sabemos cuál es el concepto de jurisdicción, que implica uso de potestades de un proceso judicial para ser el árbitro político de un Estado). Al respecto, GREGORIO PECES-BARBA, reflexionaba sobre este concepto que siempre será un dolor de cabeza para los arquitectos constitucionales de un Estado moderno. Explicaba el fallecido constitucionalista:

"(…) A ese fenómeno [gobierno de los jueces] que ha consolidado el poder de los jueces hay que añadir otros más actuales, como la tendencia del legislador a delegar en los jueces decisiones complejas que comprometen a los representantes políticos y que prefieren no resolver. También la ampliación de los procedimientos judiciales y de los ámbitos de decisión judicial en materias tradicionalmente atribuidas a la Administración, en lo que los americanos llaman la expansión del *due process of law*, y la jurisdicción universal, en los casos de genocidios, delitos contra el Derecho de Gentes o contra la Humanidad, han incrementado aún más el poder de los jueces (…)

---

[21] Para más detalles véase URBINA MENDOZA, Emilio J. "Las funciones de gobierno ejercidas por la jurisdicción constitucional. ¿Es aceptable una modificación de la Teoría de separación de poderes por un Tribunal Constitucional? El caso de la Sala Constitucional del Tribunal Supremo de Justicia de Venezuela 2016-2018", en: *Estudios de Deusto,* Vol. 66/2, 2018 (julio-diciembre), pp. 461-497.

(…) Los análisis sobre el crecimiento del poder, sobre su tendencia a abusar hasta que encuentra límites, sobre la arrogancia y sobre el despotismo que puede resultar de la falta de control, ahora, en este umbral del tercer milenio, **se han trasladado al Poder Judicial**, y aparecen ya en la realidad fenómenos concretos de ese abuso y de esa corrupción. También ese sentimiento de poder que siente el colectivo de los jueces y las demás instituciones y la sociedad entera potencia el corporativismo y el espíritu de cuerpo. **Hemos pasado de la nada al todo, y la nueva situación exige reflexiones sobre la limitación de ese poder desbordado y sin control**. (…)

(…) El imperdonable exceso del Tribunal Constitucional, opinando en su sentencia sobre el tema y prefiriendo ese sistema, frente al que declararon constitucional, es otro signo de ese abuso de posición dominante de unos jueces que carecen de control y de vigilancia y que por eso deberían extremar su rigor. Los jueces ordinarios se apoyan en esa opinión incompetente de los jueces constitucionales y unos y otros confirman nuestra preocupación y nuestro diagnóstico. En el horizonte se atisba un poder excesivo por la rebelión de los vigilantes. En los orígenes del mundo moderno, en el primer Estado estamental, el despotismo se inició de manera similar (…)"[22] (Negrillas y subrayado nuestro).

Es importante en este punto no confundir "gobierno de los jueces" con el "gobierno judicial". Éste último es la administración de los jueces de los quehaceres existenciales para su funcionamiento, desde la política sobre la

---

[22] PECES-BARBA MARTÍNEZ, Gregorio. "Poder de los jueces y gobierno de los jueces". En: *Diario El País*, Madrid, edición del 1º de mayo de 2000 [Consulta: http://elpais.com/diario/2000/05/01/opinion/957132 006_850215.html]

decoración de las sedes de los juzgados, el pago de salarios y proveedores hasta la compra del papel donde se imprimen las sentencias. Y eso no tiene ya nada que ver con la jurisprudencia ni con la jurisdicción.

Aquí lo que nos interesa es el término técnico "gobierno de jueces" que tratamos siempre de ser muy gráfico en explicar qué significa. Repetimos, el uso de la jurisdicción, no del tribunal, sino de la jurisdicción, que en el caso venezolano lo ejerce activamente la jurisdicción Constitucional.

2. ACTIVISMO JUDICIAL: A diferencia del anterior concepto, por activismo entendemos *toda la centralidad del Poder Público, la dogmática y el discurso jurídico, sin el componente político, se centra en las actividades propias de los jueces, sea a través de la jurisdicción en todas sus clasificaciones*[23] -voluntaria o contenciosa-. Es decir, el juez es el centro del Estado y además de eso el juez es el dignatario más relevante del Estado dentro de la teoría de separación de poderes. Cuando el juez, actuando como juez, sin querer ser árbitro político sino en revestir a todas las actividades de dicho Estado bajo la judicialización absoluta.

---

[23] Para más detalles del activismo judicial, véase HENNING LEAL, Mônia Clarissa. "La jurisdicción constitucional entre judicialización y activismo judicial: ¿existe realmente un "activismo" o "el" activismo", en: *Estudios Constitucionales: Revista del Centro de Estudios Constitucionales,* número 2, 2012, pp. 429-454. También, PEYRANO, Jorge W. "El activismo judicial democrático". En: CACHÓN CADENAS, Manuel Jesús et. al. (Coord.). *Derecho y proceso. Liber amicorum del profesor Francisco Ramos Méndez,* Atelier, Barcelona, 2018, Vol. 3, pp. 2043-2050. SEGURA ORTEGA, Manuel. *Interpretación y aplicación del derecho.* Ediciones Olejnik, Santiago de Chile, 2018.

3. JURISPRUDENCIALISMO: Este último concepto es necesario tomarlo en cuenta[24], pues, nos atreveríamos a afirmar que es el principal problema que sufrimos en Venezuela como consecuencia de ese traslado del *koiné* hacia la hermenéutica. Entendemos por jurisprudencialismo *la concentración hipertrofiada de las soluciones jurídicas solo en decisiones judiciales*. La centralidad de las soluciones del auditorio jurídico -usando terminología de PERELMAN- sólo se encuentran en los fallos de los jueces, más propiamente, en los dictados por el más alto tribunal del país de dicho auditorio.

Un ejemplo palpable y palmario resulta del día a día de cualquier operador jurídico en Venezuela. Desde el momento en que un abogado de libre ejercicio se sienta en su despacho, el funcionario en la sede administrativa, o bien el juez en el pretorio -como se decía antes-; todos, cometemos el pecado previo de revisar los principales motores de búsqueda de la jurisprudencia del TSJ, en vez de abrir la CRBV o indagar la gaceta oficial donde se publicó la ley o el reglamento pertinente. De esta manera, todos de alguna forma u otra concedemos, por vía del concepto de centralidad, una concentración de nuestras preocupaciones en que las decisiones judiciales nos resolverán los problemas, desde el más complejo hasta el irrisorio creado para impedir una respuesta *iuris*. Eso es lo que nosotros llamamos jurisprudencialismo.

Fíjense que son todos hacemos *mea culpa*, en aportar para la construcción del jurisprudencialismo, a veces, más extremo que otro y por donde quizá se cuela en las rendijas de las argucias procesales, mayor o menor, nula o excesiva cabida a

---

[24] CASTANHEIRA NEVES, Antonio. "O jurisprudencialismo: Uma concepção do Direito e do pensamiento jurídico", en: SÁNCHEZ DE LA TORRE, Ángel y FUERTES-PLANAS ALEIX, Cristina (edits.). *Principios jurídicos en la definición del Derecho: Principios del Derecho III.* Dykinson, Madrid, 2016, pp. 9-48

decisiones justas. Es lo que ALEJANDRO NIETO GARCÍA en una primera oportunidad denominaría el estrépito judicial[25]. Años mas tarde, en otras reflexiones, esta situación lo llevó a asumir la explicitación desarrollada por RENÉ MARCIC sobre la transformación del Estado legal en Estado judicial[26].

En tercer lugar, el jurisprudencialismo y el activismo parecieran ser figuras comunes más, sin embargo, no lo son. Son análogas. En el activismo judicial son los jueces quienes *manu militari* deciden secuestrar el sistema jurídico y erigirse como centro del Estado, como figura suprema del Estado en el concierto del principio de separación de poderes. En el jurisprudencialismo más bien son los abogados, los funcionarios, el doctrinario, e inclusive, el estudiante de Derecho quien acude y eleva a las decisiones judiciales como de obligatoria consulta para sentirse totalmente "seguro". ¿A cuántos no les ha ocurrido que, si un escrito o dictamen no lleva, aunque sea una cita jurisprudencial, tipo *obiter dictum*, sienten que está incompleto ese documento?

Por eso estos conceptos son tan importantes precisarlos y entender por qué escribimos un libro dedicado a la enseñanza de las técnicas para organizar jurisprudencia. Como pudimos apreciar, no existe en Venezuela un "gobierno de los jueces", por cierto, criticado hasta en el *Talmud* hebreo[27]. El diagnóstico nos arroja un jurisprudencialismo militante, a veces, con ciertas patologías de activismo en la medida que lo permite la clase política.

---

[25] NIETO GARCÍA, Alejandro. *Balada de la Justicia y la Ley.* Editorial Trotta, Madrid, 2002, p. 72.

[26] NIETO GARCÍA, Alejandro. *Crítica de la razón jurídica.* Editorial Trotta, Madrid, 2007, p. 155.

[27] "(...) Desgraciada la generación cuyos jueces merecen ser juzgados (...)"

II. LOS PODERES HERMENÉUTICOS DEL JUEZ Y LA CONSTRUCCIÓN JURISPRUDENCIAL DEL DERECHO

En las líneas anteriores logramos comprobar la existencia del jurisprudencialismo "a la venezolana". Sin embargo, no podemos borrar arbitrariamente la existencia de un nuevo koiné global en el Derecho, salvo, que las autoridades judiciales venezolanas asuman las mismas políticas -ceteris paribus- que Corea del Norte, aislándonos de la discusión universal sobre la hermenéutica y la interpretación jurídica.

¿Cómo poner orden ante esta singular situación que, potenciada por la manipulación política nacional *in extremis*, buscamos unas coordenadas de adecentamiento para el país jurídico?. Como indicamos en las páginas precedentes, no quiero asumir en esta obra una lección moralizadora de deontología judicial[28]. Siempre hemos apostado que toda solución -en

---

[28] Sobre el particular, véase nuestra postura en cuanto a la deontología jurídica para el modelo post-Dworkin, en URBINA MENDOZA, Emilio J. "El artículo 10 del nuevo Código de Ética del juez venezolano y la jueza venezolana y la ética de la interpretación jurídica", en: GUIBERT UCÍN, José M. (Coord.). *Cooperativismo, Empresa y Universidad. In memoriam de Dionisio Aranzadi Tellería SJ*, Bilbao, Ediciones de la Universidad de Deusto, 2010, pp. 555-569. En este capítulo analizamos las limitantes de la deontología judicial clásica, también, basada en la teoría de la ley cuando era *koiné* autorizado del sistema. La ética judicial clásica es una ética deontológica, que basada en la idea exacerbada de un normativismo, cerró sus filas a favor de defender la legalidad como si se cumpliera el designio ético. Para la deontología jurídica clásica, el juez al interpretar debía considerar como indispensable, tomar la voluntad literal del legislador porque se consideraba como un magnífico auxiliar para la interpretación de la ley. En pocas palabras unilateralismo y tuciorismo serán los deberes éticos en la hermenéutica clásica del juez. Al contrario, en nuestra era post-Dworkin, debemos encontrar una deontología judicial que vaya más allá de estas coordenadas, que como indicamos, una solución estaría basada en incorporar a la ética como un elemento más de los ya diseñados por SAVIGNY, escrutando la posibilidad teórica de una ética de la interpretación.

cualquiera de sus planos- comienza precisamente por dos ejes: el primero, *reconocer la realidad tal cual como es, no cómo quisiera que fuera.* El segundo, seguir al pie de la letra el consejo de ARISTÓTELES sobre ponernos de acuerdo, antes de cualquier discusión, en el denominado "universo del discurso". Esto último, en el mundo judicial, implica que todos los sujetos y operadores del sistema de justicia asuman conceptos troncales, es decir, conceptos aceptados por todos tanto para entender la materia abordada como para entendernos, en el decir del maestro RICARDO DE ÁNGEL[29].

Esto último quizá sea una altísima proeza en una sociedad jurídica donde la literatura científica aumenta como progresión geométrica. Pero, en una comunidad jurídica como la venezolana donde no podemos decir lo mismo, sino más bien porque en los operadores judiciales lo que existe es ausencia, o mejor dicho,

---

[29] ÁNGEL YAGÜEZ, Ricardo de. "El mundo del jurista: hechos, conceptos y soluciones", en *Estudios de Deusto*, Vol. 56/2, 2008, pp. 219-245. Vale la pena citar este párrafo del autor en ciernes: "(…) *13. Que alguien diga tener derecho a algo, que exista una sociedad anónima, decidir que un bien de nuestra propiedad tenga un determinado destino después de nuestra muerte, reclamar a quien nos reclama, enjuiciar un tribunal español delitos cometidos en China, pagar un "sobreprecio" por una botella de vino, querer contraer matrimonio poligámico dos marroquíes en España, por ejemplo, son para nosotros conceptos como derecho subjetivo, persona jurídica mercantil, sustitución fideicomisaria, reconvención, jurisdicción universal, impuesto indirecto y externalidades negativas, respectivamente. Conceptos, unidades, principios, instituciones, construcción, sistema, y abundantísimas palabras que de aquéllas derivan científicamente, son términos que los juristas utilizamos para entender nuestra materia y para entendernos entre nosotros. Pero creo que nos equivocaríamos si pensáramos que son "instrumentos" para conocer qué es lo justo. Si no fuera de este modo, estaríamos haciendo abuso (no uso) o caricatura del lenguaje jurídico (…)"* pp. 234-235.

pigricia para entender toda esa doctrina[30]; el trabajo de consenso va más allá y aumenta el valor de este libro porque precisamente toda pigricia proviene de un ambiente donde la lógica analítica predomina y asfixia a otras lógicas necesarias para el adecentamiento judicial, como por ejemplo, la lógica narrativa[31].

---

[30] Ejemplo de ello se observan en las decisiones de la Sala Constitucional del TSJ cientos de citas doctrinales que son yuxtaexpuestas cuando los propios autores de esas obras asumen históricamente posiciones antagónicas, claramente definidas e irreconciliables. En los fallos de la citada Sala esas disputas parecieran diluirse en una suerte de adventicia hermandad doctrinal, avalando, por cierto, una desviación agravada de un *ius respondendi edicendi* históricamente superado. Ejemplo de esta situación, véase la Sentencia número 1683 de fecha 4 de noviembre de 2008 (Caso: *nulidad parcial de la Ley Orgánica de la Defensoría Pública Nacional*), dictada por la Sala Constitucional del TSJ, así como de la misma Sala, la sentencia número 264 de fecha 11 de abril de 2016 (Caso: *Nulidad de la ley de amnistía*). El peligro del *"autosecuestro doctrinal"* para un sistema jurídico radica en que termina este sistema por estancarse y sin claras líneas argumentales propias. Por pigricia, los abogados y demás tribunales seguirían el ejemplo hasta el punto de retornar a los tiempos de la famosa ley de citas promulgada por Justiniano. Como expresa ZAGREBELSKI, Gustavo. ... *Principios y votos ...,* pp. 98-109, los jueces están para <<juzgar>>. No están ligados a la última novedad doctrinal y su razón de ser es la de militar en la estabilidad, sutileza, ponderación y equilibrio entre todos los factores principales de la vida social y política. Para más detalles, véase URBINA MENDOZA, Emilio J. ... "Las funciones de gobierno ejercidas por la jurisdicción constitucional ..., pp. 466-469. También, véase las críticas en BREWER-CARÍAS, Allan R. "Sobre la influencia de García de Enterría, la noción de acto administrativo, y el abuso jurisprudencial en la cita de su obra", en: BREWER-CARÍAS, Allan R., PAREJO ALFONSO, Luciano y LIBARDO RODRÍGUEZ, Alfonso (Coord.). *La protección de los derechos frente a la administración. Libro Homenaje al profesor Eduardo García de Enterría,* Editorial Temis-Editorial Jurídica Venezolana, Bogotá, 2014, pp. 3-24.

[31] Para más detalles, véase MACINTYRE, Alasdair. *Tres versiones rivales de la ética. Enciclopedia, Genealogía y Tradición.* Editorial Rialp,

La solución comenzaría también por aceptar que así como el juez tiene sus potestades naturales[32] dentro de los procesos judiciales, existen las denominadas *potestades hermenéuticas* que lo asisten una vez concluida la sustanciación procesal. Estos poderes devienen también del nuevo *koiné* hermenéutico, que autoriza al sentenciador para extender sus herramientas hermenéuticas más allá de la mera interpretación o aplicación del Derecho.

Esto indefectiblemente nos sitúa en tratar de precisar conceptualmente cuáles son esos poderes hermenéuticos dentro de un universo nacional que confunde con términos tan aberrantes tales como "interpretación hermenéutica", "hermenéutica interpretativa", "argumentación hermenéutica", "ponderación hermenéutica", etc. Todas éstas son el producto de la ignorancia confesable muchas veces, que queda reproducida en las miles de sentencias que año tras año se profieren. Todos estos términos a la larga lo que hace es confundir.

En la actualidad, existen cinco potestades hermenéuticas equivalentes a cinco conceptos propios de la hermenéutica en el sentido gadameriano: hermenéutica propiamente como concepto diferenciado, la interpretación jurídica, la aplicación del Derecho, la argumentación jurídica y la ponderación. Si bien es cierto la ponderación es el método por excelencia del legislador para precisar el contenido de la ley, en los últimos años se ha trasvasado a los jueces hasta el punto de constituirse una nueva potestad.

Nosotros hemos agrupado estas potestades en el concepto de pentágono hermenéutico, para fines nomofilácticos, y

---

Madrid, 1992. También, FIGUEREIDO, Lidia. *La filosofía narrativa de Alaisdair Macintyre*. Eunsa, Pamplona, 1999.

[32] Sobre el particular, véase DUQUE CORREDOR, Román J. *Los poderes del juez y el control de la actividad judicial.* Academia de Ciencias Políticas y Sociales, Caracas, 2008.

también con el objeto de establecer un *sistema de prelación* porque pudiéramos estar alentando el uso -y abuso- descontrolado, complicando todavía más la situación nacional, de poderes que no serían pertinentes en determinados procesos. Por ejemplo, el sistema comenzaría con el uso de la aplicación del Derecho, y progresivamente, si ésta última no otorga la respuesta, agotar la interpretación jurídica, y así sucesivamente, cuando un concepto no pueda facilitarnos la resolución del caso, ir a la argumentación, la hermenéutica propiamente, y en los casos extremos, la ponderación.

Vamos a detenernos en cada una de ellas como a continuación explicitaremos.

1.   *Ponderación*

La ponderación, antes de definirla, es un proceso que no es de naturaleza judicial. Es la actividad por excelencia del legislador, quien, a través de la valoración de la realidad, "pondera" y otorga jerarquía y consecuencias a determinadas hipótesis para otorgarle validez jurídica. Es lo que en doctrina se denomina la fabricación de hechos por el Derecho[33].

---

[33]   Véase MARTÍNEZ GARCÍA, Jesús Ignacio. *La imaginación jurídica.* Editorial Debate, Madrid, 1992, pp. 50-51. Vale la pena transcribir lo que explica el autor "(...) *Los elementos de hecho no son un mero punto de partida proveniente de la realidad objetiva, sino el resultado de*

Lo esencial de la ponderación estriba en que, ante una ausencia evidente de una solución reglada sobre determinadas hipótesis, se *asume una decisión en la cual,* como indica RODRÍGUEZ DE SANTIAGO, ha de tener en cuenta dos o más principios, bienes, valores, intereses y eventuales perjuicios, evidentemente contrapuestos[34]. Fíjese que en este proceso el juzgador "asume" una decisión sin la prexistencia de una regla. A simple vista luce como la más pura arbitrariedad si lo contrastamos con el mandato del artículo 12 del CPC[34] que es incontestablemente cerrado para que pueda operar la ponderación, puesto que, las decisiones del juez deberán atenerse a *"las normas de Derecho, a menos que la ley lo faculte para decidir con arreglo a la equidad"*.

---

operaciones jurídicas que establecen y fijan los hechos y de este modo elaboran el input del Derecho. La noción de hecho carece de una existencia autónoma. Por ello se ha señalado que 'el hecho jurídico no es sencillamente el hecho, sino el hecho que existe en y por el derecho'. La determinación de lo que es o no jurídicamente relevante compete exclusivamente al derecho. Se trata de una relevancia interna y, por tanto, de un juego tautológico: es jurídicamente relevante lo que el derecho considera como tal (…)"

[34] RODRÍGUEZ DE SANTIAGO, José M. *La ponderación de bienes e intereses en el derecho administrativo.* Editorial Marcial Pons, Madrid, 2000, p. 21. Sobre la ponderación en general, véase ORTEGA, Luis y DE LA SIERRA, Susana (Coord.). *Ponderación y Derecho administrativo.* Marcial Pons, Madrid, 2009.

[34] Artículo 12. Los jueces tendrán por norte de sus actos la verdad, que procurarán conocer en los límites de su oficio. En sus decisiones el juez debe atenerse a las normas de derecho, a menos que la ley lo faculte para decidir con arreglo a la equidad. Debe atenerse a lo alegado y probado en autos, sin poder sacar elementos de convicción fuera de éstos, ni suplir excepciones o argumentos de hecho no alegados ni probados. El juez puede fundar su decisión en los conocimientos de hecho que se encuentren comprendidos en la experiencia común o máximas de experiencia.

En la interpretación de los contratos o actos que presenten oscuridad, ambigüedad o deficiencia, los jueces se atendrán al propósito y la intención de las partes o de los otorgantes, teniendo en mira las exigencias de la ley, de la verdad y de la buena fe.

Pero, en ciertos casos, el juzgador no encontrará ni podrá siquiera construir una norma para resolver su caso, e inclusive, no podrá fundar su decisión ni en conocimientos de hecho ni en máximas de experiencia. En este caso, siguiendo al pie de la letra el *in fine* del artículo 4 del Código civil, al no existir materias análogas (reglas) se deberá aplicar los *principios generales del Derecho*.

Se nos complica la situación cuando para un caso en concreto se encuentran en juego dos o más principios, e inclusive, en aquellas supuestas situaciones donde habría un conflicto entre uno o dos derechos fundamentales. ¿Por cuál decidir para luego aplicarlo como solución?

En este orden de ideas, BERNAL PULIDO tomando como referencia a ALEXY, nos informa que "los principios son mandatos de optimización, no son normas que establezcan exactamente lo que debe hacerse, sino normas que exigen que algo sea realizado en la mayor medida posible, dentro de las posibilidades jurídicas y reales existentes"[35]. Esto genera una basilisca situación de conflictos al momento de contrastar dichos principios, ya que, buena parte de ellos juegan en sentido contrario al principio que tal vez sirva para el caso que deseo resolver.

Es así como la ponderación aparece como método -diferenciado de la interpretación- para resolver aquellos casos de conflictos de principios donde no cabe aplicar el criterio de jerarquía, cronología o especialidad[36]. Como bien lo indica BERNAL PULIDO, la ponderación no "implica ni la validez de un orden lexicográfico de los derechos fundamentales ni de un orden

---

[35] BERNAL PULIDO, Carlos. *El neoconstitucionalismo y la normatividad del Derecho*. Universidad Externado de Colombia, Bogotá, 2009, pp. 28-29.

[36] Al respecto, véase PRIETO SANCHÍS, LUIS. "Neoconstitucionalismo y ponderación judicial", en: *Anuario de la Facultad de Derecho de la Universidad Autónoma de Madrid*, número 5, 2001, pp. 201-228.

lexicográfico de principios de justicia"[37]. En pocas palabras con la ponderación en juez establece una relación de precedencia condicionada entre los principios, tomando siempre como referencia lo que ALEXY llama las "circunstancias del caso"[38].

En cierto modo, la Sala Constitucional del TSJ afilió su razonamiento hacia esta posición, como en efecto, puede colegirse de las sentencias número 1277 de fecha 13 de agosto de 2008 (Caso: *Asociación Civil Misión Padamo de Venezuela*)[39] y 1566 de fecha 4 de diciembre de 2012 (Caso: *Gilberto Rúa*)[40]. Sin embargo, a pesar que en la primera decisión fue enfática en que exponía un *obiter dictum*, la Sala quedó a medio explicar otros aspectos cruciales de la ponderación que están asociadas al principio de proporcionalidad.

De esta forma, recapitulando, la ponderación sólo sería empleada como potestad hermenéutica en los siguientes casos:

Primer caso: en el hipotético *enfrentamiento entre principios o derechos constitucionales de forma sobrevenida*. Óigase bien, "sobrevenida", pues, no puede el sentenciador crear falsos dilemas en esta materia. Tampoco para pretender establecer una jerarquía valorativa de derechos como por ejemplo, procesos no

---

[37] BERNAL PULIDO, Carlos. *Ob. Cit.,* p. 29.

[38] ALEXY, Robert. *Teoría de los derechos fundamentales*. Centro de Estudios Políticos y Constitucionales, Madrid, 2008, p. 92.

[39] La Sala en esta oportunidad hizo suya la tesis de ALEXY, inclusive, citándolo. Más, sin embargo, no fue más allá en la explicación sobre cómo y cuándo opera la ponderación judicial.

[40] Este fue el caso relativo a una supuesta protección de intereses colectivos en razón de que el solicitante, en la exposición de sus alegatos, expresó que la publicación en diarios de fotos sangrientas y de accidentes, así como de homicidios, "genera repulsión y temor en tanto para él como para la ciudadanía". Esta decisión serviría para prohibir a la prensa, sobre todo en la sección sucesos, la publicación de fotos sobre hechos acaecidos con homicidios y otros momentos relacionados con accidentes que implique desangramientos, etc.

plausibles donde se ponga en conflicto artificial el derecho a la vida versus otros derechos. Debemos recordar siempre que los derechos tienen ámbitos de aplicación y ámbitos de concreción.

Segundo caso: cuando existe la *denominada actividad procesal no contemplada en ley procesal* y sin posibilidad racional de aplicar otros criterios como equidad, máximas de experiencia o presunciones. En este caso, lo más seguro es que se aplique la solución del artículo 607 del CPC, pero, habrá que "ponderar" situaciones como bien lo explica la Sala Constitucional del TSJ en su sentencia número 175 de fecha 08 de marzo de 2005 (Caso: *Banco Industrial de Venezuela*).

Tercer caso: *actividad procesal en situaciones extremas que pudieran amenazar la estabilidad del proceso en sí*, ya por actuaciones controversiales de las partes que no se calificaría bajo ninguna regla como "infracción", ni delito o sanción. En estos casos la aplicación de los principios en base a la proporcionalidad sólo podrá ser garantizado a través del proceso de ponderación.

La doctrina ha sugerido[41], en cuanto al procedimiento que debe seguir el juez en la ponderación, que deben observarse tres pasos rigurosos.

---

[41] RODRÍGUEZ DE SANTIAGO, José M. *Ob. Cit.* p. 56-70. También, véase PÉREZ DE LOS COBOS Y ORIHUEL, Francisco. "Sobre el papel de la ley en la ponderación de los derechos fundamentales en conflicto (a propósito de la regulación del derecho a la adaptación del tiempo de trabajo por motivos de conciliación de la vida laboral y familiar), en: *Labos: Revista de Derecho del Trabajo y Protección Social,* Vol. 2, número 2, 2021, pp. 12-21. GAVARA DE CARA, Juan Carlos, MIGUEL BÁRCENA, Josu de. y CAPODIFERRO CUBERO, Daniel (Dirs.). *El control judicial de los medios de comunicación.* JM. Bosch, Barcelona, 2015. ZALDÁN ALBUJA, Salim. "Cuestionamiento a la aplicación generalizada del método de la ponderación judicial a partir de una sentencia interpretativa de la Corte Constitucional", en: *Iuris Dictio*, Vol. 9, número 13, 2010, Universidad San Francisco de Quito, pp. 91-103.

La **primera fase** implica la *identificación del "supuesto" conflicto entre los principios jurídicos o derechos fundamentales*. Como indicamos, siempre será una "presunción de conflicto", pues, dentro de un sistema de derechos es prácticamente imposible que un derecho se enfrente al otro. Debe ser así ya no estaríamos en presencia de un "derecho fundamental" sino de otro tipo de derecho subjetivo, siguiendo el esquema terminológico de GREGORIO PECES-BARBA[42].

La **segunda fase**, *la atribución de peso o importancia a cada uno de los principios o derechos en supuestos conflictos*, deberá cumplirse siempre tomando como referencia las circunstancias especiales que encierran al caso concreto expuesto en el expediente judicial. En este punto el juez requerirá de la mayor capacidad de estudio para realizar una suerte de taxonomía de cada principio o derecho en disputa.

La **tercera fase**, siguiendo el esquema de ALEXY sobre la estructura de la ponderación[43], *es la aplicación de la ley de la ponderación* que indica que cuanto mayor sea el grado de perjuicio a uno de los principios, mayor ha de ser la importancia del cumplimiento del contrario. Así, el juzgador sabrá exactamente el compromiso -y también el potencial daño- con el sistema de justicia sin alterarlo ni manipularlo para intereses muy particulares. Es quizá la etapa más compleja pues, como indica ALEXY debe definirse si la importancia de la satisfacción del principio contrario justifica la afectación o la no satisfacción del otro[44].

---

[42] Véase PECES-BARBA MARTÍNEZ, Gregorio. *Curso de derechos fundamentales*. Madrid, BOE-Universidad Carlos III, 1996.

[43] Según ALEXY ... *Teoría de los derechos fundamentales* ... p. 161, la ponderación se encuentra conformado por tres elementos de su estructura: la ley de ponderación, la fórmula de peso y la carga de la argumentación.

[44] *Ibídem.*

2. Hermenéutica jurídica

Como ha expuesto FROSINI, la historia del Derecho en todos sus campos ha estado ligada a la historia de la interpretación jurídica, cual matrimonio indisoluble[45]. De la unión señalada, la historia jurídica reporta diferentes etapas en las cuales se ha buscado un enlace que los articulen, o bien, para separarlos y confrontarlos como si fuesen antónimos. Dichos períodos han otorgado primacía a las opiniones de las escuelas jurídicas, en las cuales, la terminología "hermenéutica" e "interpretación" adquieren en determinados predios un cariz antagónico entre uno y otro. Bajo disímiles discursos, se le suele confundir como *simples* sinónimos[46].

En esta materia, recapitulando entonces, tres han sido los caminos por los cuales la doctrina ha encauzado las diferencias o semejanzas, y que, en buena medida, han introducido confusiones en la interpretación jurídica. El primero de ellos entiende a la hermenéutica e interpretación como conceptos *diametralmente opuestos*, en los cuales cada uno posee una función específica. El segundo camino, por el contrario, determina que la hermenéutica e interpretación son *conceptos cuya única diferencia es etimológica*, siendo en el fondo prácticamente hablar de lo mismo[47].

La tercera vía, que nos parece mucho más congruente con la significación histórica de la hermenéutica, precisa que ésta y la interpretación *son definiciones diferentes, pero con un grado complementación* tal que uno necesita del otro para así cumplir sus funciones.

---

[45] FROSINI, Vittorio. *La letra y el espíritu de la ley.* Editorial Ariel, Barcelona, p. 75.

[46] DUEÑAS RUÍZ, Óscar J. *Lecciones de hermenéutica jurídica.*, Editorial Universidad del Rosario, Bogotá 2006, p. 18.

[47] GARCÍA BELAUNDE, Domingo. "La interpretación constitucional como problema", en: *Revista Tachirense de Derecho,* número 4, 1993 (julio-diciembre), p. 81.

Aunada a esta división, la casi simplista confusión hermenéutica-interpretación, se complica con el cambio del eje de la centralidad científica, en nuestro caso, del estructuralismo hegemónico hacia una hermenéutica renovadora, como analizamos al comienzo de esta primera parte del libro.

La voz *hermenéutica* proviene del sustantivo griego *hermeneia* (ηερμενεια). Sustantivo que derivará del mismo nombre de la deidad helénica HERMES, el intérprete o mensajero de los otros dioses en la mitología griega. La alusión al término *hermenéutica* adquirirá formas y disciplina autónoma en el pensamiento clásico griego[48], especialmente en ARISTÓTELES[49].

Sin embargo, muy a pesar del tratamiento que en la filosofía general asumió la hermenéutica, vista como término especializado ligada a la interpretación de los textos literarios, jurídicos y teológicos[50]; no será sino con la aparición de los trabajos del profesor HANS-GEORG GADAMER, cuando esta disciplina experimente un desarrollo sistemático hasta convertirla en el fundamento hoy por hoy para toda explicación científica, más que todo, las relacionadas al espíritu.

La claridad del término hermenéutico en la lengua griega es incuestionable. Caso contrario, parece revestir los detalles

---

[48]   Por ejemplo, PLATÓN en. *Symposion*, 202e. JENOFONTE. *Memorabilia*. IV, 3, 12. Sin embargo, se le atribuye a Aristóteles la paternidad del nombre al titular *Perí Hermeneías* (Περὶ Ηερμενεὶ ασ) uno de los tratados que componen el *Organon*, popularmente conocido como *Lógica*. GARCÍA BELAUNDE, D. *Ob. Cit.*, p. 80.

[49]   Siendo mucho más específico que en la nota anterior, ARISTÓTELES trató el tópico de la interpretación o hermenéutica en general en su segundo *Tratado del Organum*, que sigue al *Tratado de las Categorías* y que se denomina *Tratado de la Proposición* o bien *Tratado sobre la Hermenéutica*. Véase DUCCI CLARO, Carlos. *Interpretación jurídica. En general y en la dogmática chilena*, Editorial Jurídica de Chile, Santiago, 1997, p. 16.

[50]   VATTIMO, Gianni. *Ob. Cit.*, p. 101.

que para la etimología castellana encierra la palabra *hermenéutica*. Ésta se precisa como una idea "relativa a la interpretación, derivado de intérprete, explicador traductor"[51]. Un sector de la doctrina venezolana, analizando este significado etimológico, así como la obra de EMERICH CORETH[52], explica que las diferentes variantes de la definición etimológica en donde *afirmar*, *proclamar*, *interpretar* o *esclarecer* y *traducir*, son meros derivados[53].

Para nosotros, estos derivados a los que alude la doctrina han adquirido autonomía a través del tiempo, pero, lo que sí podemos estar contestes dentro de la multiplicidad de opiniones es que todas apuntan hacia una idea en común: *hermenéutica es hacer inteligible algo*. Es, según SCHLEIERMACHER, la disciplina que asegura evitar una comprensión inadecuada de un discurso de otro[54].

Al partir entonces de la idea común que hermenéutica en general es hacer inteligible algo, sería entonces una suerte de *Teoría General de la Interpretación*, con las exigencias que la universalidad de una teoría conlleva, como dice ORTÍZ-OSES[55]. De esta manera, si entonces buscamos establecer qué es la

---

[51] CORAMINAS, JOAN y PASCUAL, José Antonio. *Diccionario Crítico-Etimológico Castellano e Hispánico,* Editorial Gredos, Vol. III, Madrid, 1984, p. 350.

[52] CORETH, Emerich. *Cuestiones fundamentales de la hermenéutica,* Barcelona, Editorial Herder, 1972.

[53] PETZOLD-PERNÍA, Hermann. *Interpretación e integración en el Código Civil venezolano,* Instituto de Filosofía del Derecho de la Universidad del Zulia, Maracaibo, 1984, p. 3.

[54] SCHLEIERMACHER, Friedrich. "Los discursos sobre la hermenéutica (Introducción y traducción de Lourdes Flamerique)". En: *Cuadernos de Anuario Filosófico,* número 83, 1999, p. 26. Sobre este aspecto, explica GADAMER, Hans-George. ... *Verdad y método* ..., p. 219.

[55] ORTÍZ-OSES, Andrés. *Mundo, hombre y lenguaje crítico*, Ediciones Sígueme, Salamanca, 1976, pp. 17-20.

hermenéutica jurídica, sería *la teoría científica del arte de inter-pretar*, dentro de las cuales se circunscribirían el resto de los conceptos como la interpretación, la aplicación y la argumentación, inclusive. Lo que sí no podemos hacer es integrar a la ponderación como parte de la teoría hermenéutica, pues, como se indicó, aquélla no interpreta, sino que "asigna" una respuesta ante un interrogante sin norma para tal fin.

Es importante acotar, que dentro de la postura académica que es conteste con distinguir los vocablos hermenéutica de interpretación, anotan para la primero de éstos una diferenciación que tendrá su fundamento en la forma como ha sido abordada por las distintas escuelas que han construido las diversas "hermenéuticas" jurídicas contemporánea[56]. Es un concepto para nada unívoco, como sostiene entonces GIZBERT-STUDNICKI[57].

Las variaciones presentes en la tesis de la hermenéutica jurídica son fundamentalmente cuatro[58]:

* La hermenéutica jurídica como *filosofía* (trascendental) de la interpretación.

* La hermenéutica jurídica como *teoría empírica* (descriptiva) de la interpretación.

* La hermenéutica jurídica como *teoría analítica de la interpretación*.

---

[56] Sobre las concreciones de las diversas teorías hermenéuticas diseñadas durante los siglos XIX y XX, véase CÁCERES NIETO, Eduardo. "Las teorías jurídicas como realidades hermenéuticas", en: *Boletín Mexicano de Derecho Comparado,* Número 103, Instituto de Investigaciones Jurídicas de la UNAM, 2002, pp. 27-62.

[57] GIZBERT-STUDNICKI, Tomasz. "El concepto de precomprensión en la hermenéutica jurídica", en: *Revista Chilena de Derecho,* número 22, 1995, p. 9.

[58] GIZBERT-STUDNICKI, TOMASZ. *Ob. Cit.,* pp. 10-15.

* La hermenéutica jurídica como *teoría normativa* de la interpretación.

Recapitulando, cuando estemos en presencia del término *hermenéutica jurídica*, para las potestades del juez, hacemos referencia a la teoría general (normativa) de la interpretación del Derecho. Como teoría general estaría configurada por:

- *Sistemática conceptual* en torno a la actividad interpretativa, sea ésta de corte dianoética o no.

- *Sistemática principística e instrumental*[59] de sea cual sea su naturaleza, creando, además, las formas y procedimientos intelectuales de interacción entre los principios generales de la contratación, de los negocios jurídicos con el resto de reglas generales atinentes a los contratos.

- *Sistemática procedimental*, fijando la forma, momento, límites, requisitos y causales para interpretar el Derecho, atribuyéndole también el valor y vinculación de las reglas legislativas sobre interpretación.

---

[59] Uno de los rasgos característicos de la hermenéutica jurídica general, traspolada a la hermenéutica específica (*vgr.* Contractual, constitucional, etc.), implica asumir la naturaleza instrumental de aquélla, es decir, no puede concebirse una hermenéutica construida para servirse ella misma siendo fin en si misma. Las hermenéuticas especializadas es una auxiliar de la praxis para cada una de las ramas del Derecho que sea aplicable. Véase para más detalles sobre la "Instrumentalidad" hermenéutica a VILLEY, Michel.: "Préface", en: *Archives de Philosophie du Droit,* número 17, 1972, p. 3. También. GADAMER, Hans-Georg. ...*Verdad y método...* p. 396. Para WRÓBLESKI, Jerzy. *Constitución y teoría general de la interpretación jurídica,* Madrid, Editorial Civitas, 2001, p. 18, la teoría de la interpretación jurídica (erróneamente traducida al castellano como teoría de la interpretación legal), posee un sentido instrumental fuertemente influido por problemas prácticos y por la ideología operativa en la aplicación del Derecho.

- *Sistemática revisionista,* puesto que la misma naturaleza dinámica de la hermenéutica jurídica en general, se proyecta sobre cualquier categoría específica, obligándose a replantear las veces que sea necesario. Esta dinamicidad imprime un ritmo revisionista continuado, ya que, las nuevas formas del Derecho y el advenimiento de novísimas fórmulas de la realidad en sus ámbitos económicos o sociales no pueden esperar por los cánones interpretativos que van a la postre de otros modelos histórico hoy superados.

Lo anteriormente indicado debe ser una forma de advertir a todos los intérpretes que la hermenéutica jurídica es la alusión a la teoría general. Por tanto, es un contrasentido hablar de "hermenéutica interpretativa", "interpretación hermenéutica", etc., y otras tantas que se pueden leer en sentencias, e inclusive, algunas publicaciones doctrinales que no mencionaremos.

3. *Interpretación jurídica*

La tercera potestad hermenéutica de los jueces está vinculada quizá al concepto más popular tanto en la legislación histórica como en la doctrina y en la jurisprudencia. Hacemos mención del concepto "interpretación jurídica".

En las líneas precedentes logramos entender los ejes y dimensiones -a veces incomprendida- de la palabra "hermenéutica". Ahora haremos lo propio con la voz "interpretación" que más de un quebradero de cabeza ha traído por su empleo indiscriminado y hasta irresponsable. Esta autoexigencia de precisión nace por la rotulación que la doctrina y la jurisprudencia cincelan al invocar el término "interpretación jurídica", el cual, es exacto de antemano.

De entrada, la *interpretación jurídica* nos comunica la idea del *manejo preciso de la norma*, que busca entenderla, fundamentarla y justificarla[60]. Conducción que en nuestros días dista mucho de la clásica "interpretación de la ley", sugerida por los tratadistas de derecho civil en sus comentarios sobre el Código de Napoleón o el Código civil italiano. La interpretación jurídica contemporánea ha roto el esquema básico del apego al tenor legal, -como ya explicamos la traslación de la teoría de la ley hacia la hermenéutica como *koiné*- cual concreción de éste a cada caso[61], cuya metodología por excelencia fue la hoy superada exégesis jurídica[62].

La palabra interpretación -en general- tiene sus orígenes semánticos[63], en la forma particular del verbo *interpretari* (*interpretatio, interpres,...*) el cual se compone de la preposición latina *inter*, que sugiere la idea "de entre algo" o "en calidad de mediación de". La otra sílaba -*pres*- funge como una forma nominal de un verbo latino con diferentes significados tales como encargar o venir, en aparente conexión con la palabra *pretium* (*prix*)[64].

---

[60] BRIESKORN, Norbert. *Filosofía del Derecho*, Barcelona, Editorial Herder, 1993, pp. 127-128.

[61] GADAMER, Hans-Georg. ... *Verdad y método* ..., Vol. I, p. 401.

[62] Sobre el nacimiento, auge y decadencia de la exégesis como método tradicional de interpretación, véase ÁNGEL, Giraldo. "Hermenéutica jurídica", en: AAVV. *Hermenéutica jurídica. Homenaje al maestro Darío Echandía*, Ediciones Rosaristas, Santa fe de Bogotá, 1997, pp. 46-55. ECKART, Otto. "Ermeneutica giuridica nella Bibbia ebraica", en: *Ars interpretandi*, número 3, 1999, pp. 215-218. HUSSON, Leon. "Analyse critique de la méthode de l'exégèse", en: Archives de Philosophie du Droit, número 17, 1972, pp. 115-133.

[63] OST, Françoise y KERCHOVE, Michel Van de. "Interprétation", en: *Archives de Philosophie du Droit*, número 35, 1990, pp. 165-190.

[64] Ost, Françoise y Kerchove, Michel Van de. *Ob. Cit.*, p. 166.

De esta forma, la interpretación sería asociada al estadio histórico antiguo como una idea intermediaria encargada de una negociación[65].

Etimológicamente, interpretar es "un hacer entre o mediar". De esta forma en un primer plano, interpretar es *determinar el verdadero sentido contenido en una fórmula*. LEGAZ Y LECAMBRA agrega un componente mucho más rico, pues, las normas jurídicas no son unívocas y requieren todas las averiguaciones posibles[66]. A su vez, el mismo concepto de interpretación presenta una ambigüedad relativa sobre cuál es el objeto mismo de ella[67].

La interpretación entonces tendrá una visión descriptiva del mensaje jurídico encriptado dentro de la norma abstracta[68], tratando de atribuirle significado a cada símbolo lingüístico como dice NINO[69]. Y si hablamos de lenguaje o terminología encriptada nos introduce al efectivo sofisma, de que sólo aquellas normas oscuras deben ser sometidas a esta búsqueda del sentido y significado, otorgando apariencia de veracidad al antiguo adagio romano *in claris non fit interpretatio*.

---

[65]   VERNENGO, Roberto J. "Interpretación del Derecho", en: AAVV. *Enciclopedia Iberoamericana de Filosofía,* Editorial Trotta-BOE y CSIC, Vol. 11, Madrid, 1996, p. 239.

[66]   LEGAZ Y LECAMBRA, Luis. *Filosofía del Derecho,* Editorial Bosch, Barcelona, 1979, p. 541.

[67]   LINFANTE VIDAL, Isabel. *La interpretación jurídica en la teoría del Derecho contemporánea,* Centro de Estudios Políticos y Constitucionales, Madrid, 1999, p. 28.

[68]   BROEKMAN, Jan. *Derecho, Filosofía del Derecho y Teoría del Derecho,* Editorial Temis, Bogotá, 1997, p. 57.

[69]   NINO, CARLOS Eduardo. *Introducción al Análisis del Derecho,* Editorial Astrea, Buenos Aires, 1995, p. 246. También, véase AARNIO, JULIUS, "La tesis de la única respuesta correcta y el principio regulativo del razonamiento jurídico", en: *Doxa,* número 8, 1990, pp. 23-38.

Entonces, si el precepto es simple y nos topamos con un "dudoso" sentido único de la norma -como se afirma en la doctrina tradicional- parece que no encontraremos mayor dificultad. En caso contrario, entra en juego un complejo de disposiciones constitucionales y legales para la resolución del caso concreto, así como el buen sentido del juzgador, su *páthos*, la técnica procesal y el arte de juzgar.

El párrafo anterior nos introduce varios elementos y aspectos que se incluyen dentro de la interpretación, siendo para nosotros este término como *"la determinación del sentido, alcance y terminología certera de la norma aplicada en cada caso concreto frente a una pregunta del Derecho"*.

Deduciendo de nuestra definición de la expresión "interpretación jurídica", diferenciada de la interpretación de la ley[70], podemos considerar como herramienta eficiente las siguientes acepciones o sentidos que en buena medida nos servirán para integrar los conceptos inherentes de las potestades hermenéuticas del juez. Las acepciones que la doctrina le atribuye al término *interpretación*, además de responder a las ideas semióticas generales que las configura[71], será de gran utilidad para lograr comprender la integración de un concepto que seccione estructuralmente otros procesos intelectuales insertos en la frase "interpretación del Derecho".

En primer término, al hacer nosotros referencia al término "interpretación jurídica" bajo la categoría de *sentido amplio*, no sólo comprende la operación intelectiva de aplicación[72] de las

---

[70] LINFANTE VIDAL, Isabel. *Ob. Cit.*, p. 40. La "interpretación de la ley" hace referencia a la atribución de significado a un ente, en este caso a un documento o conjunto de documentos que se considera expresa normas jurídicas.

[71] WRÓBLESKI, Jerzy. *Ob. Cit.*, p. 21.

[72] RICCI, Francesco. *Derecho Civil, teórico y práctico*, Editorial Anatalbe, Vol. I, Barcelona, 1960, pp. 18-19.

normas[73]. Incluye también la integración de lo que antiguamente se le denominaban "lagunas de la ley", la comprensión y aplicación de los principios generales del Derecho como normas básicas reveladoras de las creencias y convicciones de la comunidad[74]; y otras fuentes del sistema jurídico como las denominadas "máximas de experiencia"[75].

El sentido amplio de la interpretación contendrá todo proceso intelectual y voluntario conexo a la interpretación sin que ello implique teorizar como si ocurre con la hermenéutica. Servirá como rótulo que incluya la ponderación de operaciones conexas como la cada vez más imprescindible -e incomprensible- argumentación jurídica[76], por ejemplo, así como repercutirá en la llamada "interpretación judicial", la estimación de las diferentes "decisiones interpretativas", sobre todo, cuando éstas son jurídicamente equipolentes[77].

La acepción amplia del término "interpretación", tal y como se ha señalado, traería el problema de la dualidad en las soluciones interpretativas, es decir, en la multiplicidad de

---

[73] SEGURA ORTEGA, Manuel. *Sobre la interpretación del Derecho,* Universidad de Santiago de Compostela, Santiago de Compostela, 2003, p. 34.

[74] ARCE Y FLÓREZ VALDÉS, Joaquín. *Los principios generales del Derecho y su formulación constitucional*, Editorial Civitas, Madrid, 1990, p. 12.

[75] STEIN, FRIEDRICH. *El conocimiento probado del juez.* Editorial Temis, Bogotá, 1988, pp. 122-135.

[76] Como explica ATIENZA, Manuel. *El Derecho como argumentación,* Editorial Ariel, Barcelona, 2006, pp. 15-19. La argumentación ha pasado a conformarse como uno de los conceptos centrales de la interpretación amplia, es decir, que los diversos factores operados (teóricos, prácticos y sensoriales) en los últimos años sobre el discurso jurídico le han gestado un puesto importante dentro del complejo engranaje de la interpretación del Derecho.

[77] WRÓBLESKI, Jerzy. *Ob. Cit.,* pp. 66-70.

resultados interpretativos que pudieran suscitarse en un proceso judicial promedio. La dualidad implicaría entonces acceder al tema de la decisión correcta en la interpretación, donde una de las principales funciones de quien interpreta es eliminar dicho desdoblamiento.

Muy al sentido contrario de lo expuesto para la acepción amplia del vocablo "interpretación jurídica", en sentido restringido la interpretación consistiría en determinar el "sentido de los textos o instrumentos normativos". Sería sencillamente establecer el alcance y significación precisa de las normas jurídicas pertinentes para resolver el conflicto. Como bien establece GADAMER al echar un vistazo al concepto propio de interpretación para diferenciarlo de la hermenéutica -aunque de manera tenue[78]- establece que la tarea propia de la interpretación consistiría en "concretar la ley en cada caso", esto es, en su aplicación[79] donde el jurista no se encontraría en absoluta libertad una vez que se encuentre frente al texto[80].

En nuestros días, como resultado de un siglo de debates sobre esta materia, dos grandes sistemas de interpretación del Derecho en su sentido estricto hacen vida en la segunda

---

[78] Vale la pena destacar que el autor abordado analiza los términos hermenéutica e interpretación como si fueran sinónimos, pero en varios párrafos subyace la idea -aunque no el acento- de marcar la línea fronteriza entre una y otra. Es importante acotar que los trabajos hermenéuticos gadamerianos son pioneros y por lo tanto, marcados de cierto ensayismo metodológico frente a la hegemonía del discurso estructural para dar respuesta a los múltiples problemas del pensamiento. Sobre las connotaciones y aportes de Gadamer en la teoría del Derecho, véase PICONTÓ NOVALLES, Teresa. "Teoría general de la interpretación y hermenéutica jurídica: Betti y Gadamer", en: *Anuario de Filosofía del Derecho,* número IX, 1992, pp. 223-248..

[79] GADAMER, Hans-Georg. ... *Verdad y método* .., Vol. I, p. 401.

[80] GADAMER, Hans-Georg. ... *Verdad y método* .., Vol. I, p. 405.

modernidad jurídica[81], conjugando tradición con innovación sin perder los límites de la racionalidad impuestos por la experiencia histórica del Derecho[82]. Ellos derivan del valor que le haya atribuido el Estado al sistema normativo, o bien, en aquellos casos donde se fortalecen los controles sobre los operarios jurídicos naturales para someter a cierta interdicción hermenéutica al poder judicial, como de suyo ocurrió durante los primeros años de la aplicación del Code Napoleón.

Como características de esta importante potestad hermenútica del juez, la interpretación como actividad, como bien lo vimos en las líneas precedentes, responde a dos dimensiones en las cuales puede ser abordada. Para lograr encuadrar cualquier proceso interpretativo, es menester abordar sus principales perfiles característicos y metodológicos en la concepción contemporánea. Así, tenemos que la interpretación jurídica en nuestros días:

- *Es una operación lógica siempre necesaria.* Esto quiebra y desenmascara la falsedad del clásico adagio según la cual *in claris non fit interpretatio.* Será necesaria por la introducción de los elementos argumentales en los procesos interpretativos de hoy, los

---

[81] Como bien lo dice PETRONIO, Umberto. *La lotta per la codificazione,* Torino, G. Giappichelli Editore, 2001, p. 67: "(...) Che cosa è un codice oggi. In ogni caso, è necessario definire in modo appropiato che cosa sia un codice, oggi, e poi verificare se questa nostra nozione contemporanea di codice corrisponda (...)".

[82] "(...) Al centro di una temporalità il cui intento è di <<legare il passato>>, si trova necessariamente la tradizione, questo legame proiettato tra la le epoche, questa continuità vivente della divulgazione di credenze e pratiche. Più ancora di ogni altra disciplina, il diritto è tradizione: esso si costituisce infatti attraverso sedimentación successive di soluzioni, e le novità che esso produce derivano genealógicamente da argomenti e da ragioni acreditate in un momento o nell'altro del passato (...)" OST, Françoise. "La tradizione, eterna giovinezza del Diritto", en: *Ars Interpretandi,* N° 8, 2003, p. 115.

cuales, si bien trabajan con los estándares de racionalidad de un sistema jurídico común, los argumentos
racionalizados así como el valor intrínseco de cada
uno de ellos, será modificado en tanto y en cuanto
cada intérprete establezca una posible e hipotética
respuesta al problema iuris, que luego, será transfor-
mada en la "respuesta correcta".

- *Puede ser catalogada como fácil o difícil.* A veces
resulta fácil identificar el sentido del texto normativo
con el de su letra, resultando lo que ATIENZA reseña
como casos fáciles[83] en clara adhesión a la tesis de
HART[84]. No obstante, toda norma debe interpretarse
por muy sencillo que parezca la litis. En ciertas oportunidades los preceptos a los que se enfrentan los
aplicadores del Derecho pueden aparentar cierta nitidez en lo que su significado despiertan, pero al anali-
zarse con atención, surgen grandes y graves dudas
más allá de los referentes clásicos como la ambigüedad u oscuridad de las cláusulas o estipulaciones con-
tractuales.

- *Se distingue de otras modalidades interpretativas.*
Tales como la interpretación lingüística e histórica,
ya que según precisa GADAMER, la interpretación jurídica se había escindido de una teoría de la

---

[83] ATIENZA, Manuel. *El Sentido del Derecho.* Editorial Ariel, Barcelona,
2001, pp. 256-266.

[84] "(…) Un caso es difícil cuando "cualificados juristas pueden estar en
desacuerdo sobre lo que es el Derecho en algún punto" (Hart, 1980, p.
6), y esos desacuerdos pueden depender de gran cantidad de factores:
convenciones compartidas del lenguaje (y el lenguaje jurídico en particular), propósitos de los legisladores, existencia de más de una regla
que resulte aplicable al caso, etc. (…)" LINFANTE VIDAL, Isabel. *Ob.
Cit.,* p. 242.

comprensión porque tenía un objeto dogmático[85], sin embargo, prosigue el autor citado, la interpretación jurídica le devolverá a la interpretación histórica todo el alcance de sus problemas, reproduciendo así la vieja unidad del problema hermenéutico[86]. Los intérpretes litúrgico e histórico se limitan a observar el sentido del texto litúrgico o el significado del hecho histórico. La importancia del sentido los conduce a cotejar la coherencia o contradicción del mismo con otros textos del mismo autor o con otros hechos históricos.

- *Se contrapone a la interpretación de la ley así como de otros instrumentos normativos que tienen vocación de vigencia.* El Derecho se hace para aplicarse como ya vimos. La norma expresa un mandato, configura una orden para ser cumplida. Requiere tener un sentido y guardar coherencia con el conjunto de preceptos normativos.

- La interpretación del texto normativo, así como el dispositivo contractual, debe precisar esa naturaleza, y cuando, por ejemplo, el intérprete advierte contradicciones entre dos preceptos legales o dos cláusulas, luego de constatar esa contradicción, procurará conciliar los preceptos y si fueren absolutamente incompatibles, adoptará el más armónico con el sistema jurídico considerado en su conjunto. El Derecho, como parte integrante de las llamadas disciplinas humanas, es una creación del espíritu individual o colectivo que llega a nosotros a través de la forma en que fue expresado y que lleva además como un rasgo deter-

---

[85] GADAMER, Hans-Georg. … *Verdad y método* …, Vol. I, p. 397.
[86] GADAMER, Hans-Georg. … *Verdad y método* …, Vol. I, p. 401.

minante la época en que se formuló[87], siendo parte
del trabajo del intérprete actualizarla aunque el Derecho envejezca[88].

- *Es una operación compleja y difícil, porque va más
  allá del mero proceso silogístico.* No bastan los am-
  plios conocimientos jurídicos. Una correcta interpretación de la normativa exige una sólida formación jurídica, pero resultan también necesarios el sentido común, un profundo respeto y convicción por la justicia, la experiencia de la vida y de las realidades sociales a las cuales se aplica la norma y una fina intui-
  ción jurídica.

- *Debe rechazar las posiciones simplistas.* Atender a la
  letra de la ley en exclusiva o bien despreciarla en ab-
  soluto, elaborar reglas y forzar las palabras de la
  norma para ajustarlas dentro de un sentido preconce-
  bido, es asumir una posición simplista que no toma en
  cuenta la complejidad de la actividad interpretativa.

4. *La aplicación del Derecho*

Una de las potestades hermenéuticas más tempranas de las
contempladas en la teoría de la interpretación jurídica, es la denominada aplicación del Derecho. En la medida que nos trasla-
damos del *koiné* hacia la hermenéutica, la aplicación del Derecho se reduce para unas pocas operaciones interpretativas que
serán los últimos reductos de la máxima romana *in claris non fit
interpretatio.*

Entendemos por aplicación del Derecho como el acto o
proceso por el cual se establece una *relación de correspondencia*

---

[87] DUCCI CLARO, Carlos. *Ob. Cit.,* p. 11.

[88] VEGA BENAYAS, Carlos de la. *Teoría, aplicación y eficacia de las normas del Código Civil.* Madrid, Editorial Civitas, 1976, p. 115.

entre la regla jurídica y un caso singular. Esa correspondencia por lo general se realiza a través de la subsunción, como proceso silogístico. En nuestros días, a pesar de existir fervientes defensores del sentido literal[89], sea en la teoría de los textos o en la teoría del Derecho; la aplicación es si se quiere la operación hermenéutica más elemental que debe emplear el juez al momento de resolver una litis.

La aplicación será hoy en día, sea cual sea la concepción jurídica, el punto de partida para procedimentalizar a la interpretación del Derecho[90]. El primer eslabón de lo que VERNENGO[91] llama *imput-output* de elementos fácticos y metafácticos, que basados en la *stufenbautherie* de KELSEN, construirán la solución jurídica al caso.

5. *La argumentación jurídica*

Quisimos dejar al final -no por serlo así- el estudio de la argumentación como potestad hermenéutica[92]. Ello por la propia advertencia que nos hace ATIENZA, al expresar una clara

---

[89]   ECO, Umberto. *Ob. Cit.,* p. 33.

[90]   URBINA MENDOZA, Emilio J. "Ética de la interpretación jurídica", en: *Táchira Siglo XXI,* número 22, 2002, p. 42.

[91]   VERNENGO, Robert J. Ob. Cit., p. 115.

[92]   Sobre la argumentación, véase GÓMEZ GARCÍA, Juan Antonio. *La argumentación jurídica: teoría y práctica,* Dykinson, Madrid, 2017. BONORITO RAMÍREZ, Pablo Raúl (Coord.) *Sesgos, argumentación y decisión judicial,* Aranzadi Thomson Reuters, Madrid, 2022. GARCÍA AMADO, Juan Antonio y SENDÍN MATEOS, José Antonio (Dir.). *Argumentación y conflictos de derechos,* Salamanca, Ediciones de la Universidad de Salamanca y Tirant Lo Blanch, 2021. LINFANTE VIDAL, Isabel. *Argumentación e interpretación jurídica: Escepticismo, intencionalismo y constructivismo,* Tirant Lo Blanch, Valencia, 2018.

dificultad para definirla, cuando no, se encuentra prácticamente en todas las facetas de la experiencia jurídica[93].

En este sentido el autor en ciernes nos descubre que la argumentación más que una definición aristotélica, lo que podemos encontrar son elementos comunes presentes al momento en que estamos empleando argumentos, conjuntamente con otros procesos hermenéuticos -casi por lo general interpretación[94]- cuyos rasgos son:

* *Argumentar es una acción relativa al lenguaje.* En este punto debemos echar mano a la teoría del lenguaje de HABERMAS, puesto que, el lenguaje jurídico es esencialmente un *lenguaje estratégico*[95]. Las partes, e inclusive el juez, aporta ideas-fuerza no con el hecho de demostrar sino de persuadir, de convencer. En un proceso judicial el fiscal no expone una acusación por el simple hecho de hacer relucir la justicia o de conminar al tribunal para que se pronuncie sobre la validez o no de una teoría de la dogmática penal. El fiscal acusa porque busca que sea aplicada una pena contra una persona que ha infringido el ordenamiento jurídico. Eso es lo que HABERMAS denomina lenguaje estratégico.

---

[93] ATIENZA, Manuel. *El Derecho como argumentación,* Editorial Ariel, Barcelona, 2006, p. 11

[94] Véase URBINA MENDOZA, Emilio J. "Paul Ricoeur y el puente dialéctico argumentación/interpretación. Algunas reflexiones para una hermenéutica de los derechos humanos", en: *Ética y jurisprudencia,* número 1, 2003, Universidad Valle del Momboy, pp. 103-113.

[95] HABERMAS, Jürgen. *Teoría de la acción comunicativa,* Taurus, Madrid, 1987, p. 22-40. También, del mismo autor, *Aclaraciones de la ética del discurso,* Editorial Trotta, Madrid, 2000, p. 127-161.

* *Argumentar requiere la existencia de un problema real o cuestión fáctica comprobada.* Bien explica ATIENZA que es el problema real lo que suscita la necesidad de argumentar[96]. Esta problemática puede ser tanto teórica o práctica, lo cual, una vez asumida hace desaparecer aquellas viejas lecciones del Derecho civil o romano donde el profesor siempre colocaba el ejemplo al celebérrimo "TICIO", haciéndole caer en hipótesis desde las menos afortunadas hasta otras de mayor gracia. La existencia de los hechos, tal como lo explicamos haciendo uso la explicitación de RICARDO DE ÁNGEL, son los motores de la argumentación porque sobre ellos es que desplegaremos toda la actividad argumental para convencer o no.

* *Argumentar es tanto un producto como una actividad.* En este punto, estamos en presencia de un concepto hermenéutico poliédrico, capaz de asumir diferentes dimensiones. Por un lado, al ser actividad hacemos referencia a sus rasgos ontológicos como tal. Al ser también producto o resultado, la argumentación será un conjunto de enunciados compuesto de tres elementos: premisas, la conclusión y la inferencia[97].

* *La argumentación es susceptible de ser sometida a criterios de evaluación para la calidad del argumento.* Es quizá uno de los elementos más gráficos que no están presentes, por ejemplo, ni en la hermenéutica ni en la interpretación. Es posible hablar de un argumento bueno o malo, claro está no en las concepciones de moralización sobre lo que es bueno, sino más bien querrá decir que es "válido"[98].

---

[96] ATIENZA, Manuel. … *El Derecho como argumentación* … p. 74.

[97] ATIENZA, Manuel. … *El Derecho como argumentación* … p. 75.

[98] ATIENZA, Manuel. … *El Derecho como argumentación* … p. 76.

Repetimos, debe necesariamente concurrir estos cuatro elementos característicos, pues, al faltar uno de ellos, el juez no estaría argumentando sino interpretando o aplicando el Derecho. La concurrencia es requisito sine qua non para tanto identificar la argumentación como establecer contraargumentos, o bien, si se es menos ambicioso o agresivo, para desmontarlos a través de las técnicas que me permite la propia hermenéutica.

Esto nos lleva obligatoriamente a clasificar la argumentación en tres tipos, que todo juez debe tener en cuenta porque no siempre coinciden las motivaciones de la decisión con el resultado que se obtiene. Estos casos de incoherencia que llamaremos "incongruencia argumental", sea por exceso de poder argumental o por deficiencia en la formulación de los componentes del argumento, nos lleva siempre a identificar para qué estamos argumentando en los estrados. Obvio que es para hacer estimativa nuestra pretensión procesal, pero, más allá de eso, el juez argumenta sea por:

* *Razones teleológicas*. Es cuando el juez emplea argumentos para provocar un fin más allá de las consecuencias objetivas previstas en la legislación.

* *Razones deontológicas*. Es para hacer resaltar las categorías éticas de lo correcto o incorrecto dentro de la decisión, quizá, como ejemplo moralizador para el futuro sea para impedir conductas o para promoverlas.

* *Razones institucionales*. Que se emplea por razones autoritativas, es decir, yo como autoridad judicial necesito imponer un orden conceptual sobre tal o cual institución o procedimiento. Quizá una de las finalidades de lo que en el pasado se llamaba "uniformidad

de la jurisprudencia"[99], era precisamente la imposición de argumentos institucionalizadores para que se mantuviera la unidad en el discurso de los jueces.

III. LA CONSTRUCCIÓN DE LA JURISPRUDENCIA DESDE LAS POTESTADES HERMENÉUTICAS DEL JUEZ Y EL FIN DE LOS SISTEMAS REFERENCIALES

Pudimos desarrollar en las líneas precedentes el fundamento por el cual hoy es necesario estudiar las sentencias y sistematizarlas para así llevar a buen término un juicio, si se es litigante, o bien, para establecer una justificación a los fallos que sea inquebrantable por cualquier recurso extraordinario siempre que no sea por razones de índole político. Además, hicimos un

---

[99] El artículo 321 del Código de Procedimiento Civil nos indica la necesaria argumentación institucional para "defender la integridad de la legislación y la uniformidad de la jurisprudencia". El Tribunal Supremo de Justicia con respecto a este artículo ha sido múltiple las argumentaciones que sobre el mismo se ha hecho valer. Por ejemplo, la Sala Constitucional ha indicado que este precepto es para otorgar garantías de seguridad jurídica, precisando cuándo hay cambios o no en la jurisprudencia, véase sentencias número 956 de fecha 01 de junio de 2001 (Caso: *Fran Valero González y otros)* y número 1.826 de fecha 08 de agosto de 2002 (Caso: *Microsoft Corporation*). La Sala de Casación Civil ha sido enfática en establecer que el 321 del CPC no es obligante (Sentencia RC-00729 de fecha 1 de diciembre de 2003, caso: *Manuel Ramón Tejera*), y que la jurisprudencia no puede generar sanciones al juez que no la aplica (Sentencias número RC-001346 de fecha 15 de noviembre de 2004, caso: *Junta de Condominio de las Torres "A" y "B" del Conjunto Residencial Parque Caracas*), sino que es más bien un patrón de conducta para los jueces de instancia (Sentencia número RC-00474 de fecha 20 de julio de 2005, caso: *José Gustavo Hurtado*) que no infringe normativa que sea susceptible de interponer recurso de casación por errores de juzgamiento (Sentencia número RC-01036 de fecha 19 de diciembre de 2006, caso: *Mineral, C.A. contra Inversiones Daherca, C.A.*).

repaso pormenorizado de las principales potestades hermenéuticas de los jueces bajo el paradigma hermenéutico como koiné del Derecho en nuestros días.

En esta era post-DWORKIN, usando la división de ROSLER, el juez ya no solo interpreta y aplica, sino que activamente despliega sus nuevas potestades que van más allá de lo que se aprendió en el artículo 4 del Código Civil y el 23 del Código de Procedimiento Civil. Esto me lleva a analizar la jurisprudencia bajo las potestades hermenéuticas que empleó para llegar a ese resultado. Es por ello que no sabemos cómo aplicar crítica cáustica sobre decisiones que pudieran calificarse bajo el concepto tradicional como "fuera de lo común".

Esto nos pone a reflexionar sobre quizá el final de los grandes sistemas referenciales del Derecho (*Civil law-Common law*), en el sentido que:

*   Los derechos y principios que se supone nadie debe negar porque pocos se contemplan pormenorizadamente en reglas legislativas o constitucionales, deben ser actualizados mediante hermenéutica progresiva. A veces estaremos en presencia activa de la ponderación, otras de la argumentación, e inclusive, de ninguna de ellas porque sencillamente se resolvió con una simple operación subjuntiva de aplicación del Derecho.

*   Se espera que los jueces tomen las decisiones, donde inclusive, en casos que pudiera ser una locomotora racional arrolladora del propio poder legislativo hasta el punto de entender que dentro del concepto de independencia judicial erróneamente se conciba legislar como parte esencial del juez. De allí las razones para que en las páginas precedentes nos detuviéramos en analizar los conceptos de "activismo judicial", "jurisprudencialismo", "gobierno de los jueces", etc.

*   Se pide desde la doctrina que muchas veces los jueces se "aparten del Derecho legislado", inclusive, en los países del common law donde el statute law dictado por los congresos son de aplicación obligatoria. Se justifica estas acciones porque es más importante, en la era post-DWORKIN, dictar una sentencia calificada de "correcta" porque debe premiarse la "justicia". A ello nos preguntamos ¿cuál justicia?

La respuesta sobre cuál justicia nos lleva al dilema: ¿interpretativismo y no interpretativismo? El no interpretativismo es razonamiento normado, como se explicó, como era en la era pre-DWORKIN cuando la teoría de la ley era el *koiné* del Derecho. El interpretativismo sencillamente implica que si el Derecho colisiona con la realidad, es el Derecho quien siempre debe cambiar y no la realidad. Así se propugna, hasta el punto que vamos a encontrar sentencias que expresamente establezcan: *"Esta Sala entiende que, prohibido por la ley asumir un criterio diferente, sin embargo, por exigencias de justicia del caso y para efectos de suplir una laguna axiológica, se decide por apartarse de la norma, etc., etc., etc."*

Aunque muchos no lo quieren aceptar, en el interpretativismo se está presencia del colapso definitivo de las fronteras del Derecho, la ética y la política[100], confundiendo la necesaria aplicación del Derecho vigente con el de filosofía política preferida por la mayoría sentenciadora. Basta leer el rosario de doctrinas incoherentes citadas por la Sala Constitucional para justificar decisiones que no era necesario el despliegue de excesivo poder hermenéutico.

---

[100]   Véase PECES-BARBA MARTÍNEZ, Gregorio. "Ética, política y Derecho. El paradigma de la modernidad", en: *Revista de Derecho Público,* Vol. 61, 1998, Universidad de Chile, pp. 107-109.

Finalmente, nos preocupa en este estado de la ciencia de nuestros jueces, la creciente e inaceptable colonización y enfoque del Derecho constitucional hacia todas las instituciones y conceptos jurídicos, desaplicando los métodos propios de cada rama del Derecho. Entendemos que sea válido -y hasta obligatorio- leer las instituciones del Derecho en cualquiera de sus ramas a la luz de la Constitución; pero, esto no me autoriza para que esa rama sea leída -y menos interpretada- desde el Derecho constitucional. Basta revisar las últimas sentencias de Casación Civil para confirmar este arraigo metodológico erróneo que comenzó en Venezuela con la nefanda decisión de la entonces Sala Político-Administrativa relativa a la consulta para la celebración de una Asamblea Nacional Constituyente en 1999. Como dijo la sentencia, se procedió a interpretar constitucionalmente la Ley Orgánica del Sufragio y Participación Política y no a interpretar el texto de la Constitución[101].

---

[101] CORTE SUPREMA DE JUSTICIA DE LA REPÚBLICA DE VENEZUELA, SALA POLÍTICO-ADMINISTRATIVA. *Caso Raúl Pinto Peña, Enrique Ochoa Antich y Viviana Castro*. Magistrado-Ponente: Humberto J. La Roche. Caracas, expediente N° 15.395 del 19/01/1999. Sobre esta situación, véase BREWER-CARÍAS, Allan R. *La muerte de una Constitución. El proceso constituyente de 1999 desencadenado por dos sentencias de la Corte Suprema*. Editorial Jurídica Venezolana, Caracas, 2022.

SEGUNDA PARTE:

LA DOCTRINA JURISPRUDENCIAL Y EL PRECEDENTE

I. LA DOCTRINA JURISPRUDENCIAL Y EL TÉRMINO "VINCULANTE" Y SU DIFERENCIA CON EL PRECEDENTE JUDICIAL DEL *COMMON LAW*

La primera parte de este libro fue dedicado a los fundamentos por los cuales hoy la jurisprudencia posee un valor desmedido dentro del sistema de fuentes sin que pertenezcamos al *common law*. Como indicamos, esto no tiene que ver con híbridos ni mucho menos con los comodines de la "política enturbia todo", sino que es producto de un cambio de era en la que el *koiné* de la teoría de la ley giró hacia la hermenéutica, cambiando todo el esquema estructural del Derecho hasta llevarlo hacia los acres de la inestabilidad en este tiempo donde "todo es interpretación".

Visto así es necesario adentrarnos ahora en los niveles conceptuales por el evidente desorden lingüístico operado en Venezuela con respecto a dos vocablos: *precedente* y *doctrina jurisprudencial vinculante*.

El lector se preguntará ¿para qué entrar en tantas disquisiciones semánticas en un nuevo Derecho adicto a la jurisprudencia? ¿Para qué esforzarnos en desentrañar conceptos si la finalidad pragmática es la misma? Y habrá otras tantas que merecen ser respondidas tal como DIDEROT recomendaba al momento de preparar la *Encyclopédie*: "(…) *avec le detail et la dignité qu'elle mérite* (…)"[102].

De plano es necesario partir que en Venezuela no existe el precedente, así lo diga hasta la propia Sala Constitucional o por muy autorizado sea el autor que lo proponga. Lo que realmente contempla nuestro sistema jurídico es el término *doctrina jurisprudencial vinculante*. Ahora bien, doctrina jurisprudencial siempre ha existido en Venezuela desde la fundación como Estado, sólo que muy poco era abordada la misma, cual cantera inagotable de información como tantas veces lo ha expresado el profesor BREWER-CARÍAS[103]. Desde la decisión de la Sala de Casación Civil de la CSJ en 1989, que estudiamos en la primera parte del libro, la concepción jurisprudencial fue asumiendo más y más relevancia hasta el punto que en nuestros días se hace imprescindible la organización de la misma para evitar naufragar en los miles de criterios muchas veces ni siquiera analizados, dado que se cumple lo que BULYGIN reafirma como el acerca-

---

[102] DIDEROT, Dennis. *Encyclopédie, ou Dictionaire raissonné des sciences, des arts et des métiers, par una Societé des gens de lettres,* Mis en ordre et publé par M. Direrot, París, 1751, Vol. 3, p. III.

[103] Véase BREWER-CARÍAS, Allan R. "Nota sobre la historia de las Instituciones Fundamentales del Derecho Administrativo y la Jurisprudencia Venezolana, 1964", en: HERNÁNDEZ, José Ignacio (Coord.). *Libro homenaje a las Instituciones Fundamentales del Derecho Administrativo y la Jurisprudencia Venezolana del profesor Allan R. Brewer-Carías en el cincuenta aniversario de su publicación 1964-2014,* Editorial Jurídica Venezolana, Caracas, p. 10 "(…) *y allí me dediqué de lleno al estudio de la jurisprudencia constitucional y administrativa venezolana, habiéndome encontrado una auténtica "mina" de material académico, riquísima por cierto, pero ignorada o abandonada, que comencé a estudiar con toda calma y detalle, con la formidable técnica de investigación de jurisprudencia que aprendí en el Instituto* (…)".

miento importante a las necesidades cambiantes del momento[104]. Necesidades que muchas veces no tienen ese sentido ni de regla ni de puente entre las normas generales legislativas y el caso concreto, y que además, de aquella función "anticipativa"[105] frente a las futuras regulaciones normadas, no queda más que una ilusión de otra época de preminencia de la teoría de la ley. En la vigencia de aquélla como *koiné* estructural, era un "último recurso o garantía de racionalidad"[106] tal y como PRIETO SANCHÍS explicaba.

Visto así nos hacemos la vieja pregunta -cada vez más taladrante-, que luce una necedad, inclusive, en nuestros países tributarios del *civil law* donde no existen precedente: ¿existe una norma jurisprudencial?. La doctrina ha abordado en cientos de trabajos esta pregunta[107], pero, lo que es rescatable para el presente libro es la tesis de la norma implícita y norma explícita presente en la jurisprudencia. Si pretendemos organizar toda una jurisprudencia, por ejemplo, utilizando el método argumental, debo partir que esas sentencias han encontrado el verdadero

---

[104] BULYGIN, Eugenio. "Sentencia judicial y creación del Derecho", en: ALCHOURRÓN, Carlos E. y BULYGIN, Eugenio. *Análisis lógico y derecho,* Centro de Estudios Políticos y Constitucionales, Madrid, 1991, p. 335.

[105] MORTATI, Constatino. *Istituzioni di Diritto Publico,* CEDAM, Pádova, 1991, Tomo I, p. 365. También, véase HABSCHEID, Walther J. "Sobre la creación jurisprudencial del derecho en el derecho alemán", en: *Boletín Mexicano de Derecho Comparado,* Número VIII, 1975 (septiembre-diciembre), p. 562.

[106] PRIETO SANCHÍS, Luis. *Sobre principios y normas. Problemas del razonamiento jurídico,* Centro de Estudios Políticos y Constitucionales, Madrid, p. 165.

[107] En particular, véase el clásico trabajo de DE LA MORENA Y DE LA MORENA, Luis. "La jurisprudencia: ¿fuente del Derecho?, en: GÓMEZ-FERRER MORANT, Rafael (Coord.). *Libro Homenaje al profesor José Luis Villar Palasí,* Editorial Civitas, Madrid, 1989, p. 327-348.

sentido racional de las normas legislativas, es decir, una regla que no es evidente pero que es la que en definitiva termina acogiendo el juez.

La tesis de la norma implícita[108] se encontraba tanto en la época donde el *koiné* era la teoría de la ley como en el actual de hermenéutica. Veamos gráficamente cómo opera.

COROLARIO: ¿Existe una norma jurisprudencial?

Koiné: TEORÍA DE LA LEY

Norma explícita → Norma implícita*

Método del
Derecho
(Interpretación y aplicación)

*Normas que son producto de la elaboración racional del Derecho explícito, o producto de un método de interpretación

La finalidad en este *koiné* era hallar o descubrir soluciones jurídicas que facilitaran resolver problemas reales en juicios o procedimientos administrativos. De la norma explícita (Constitución, leyes, reglamentos, instructivos, etc.) podía deducirse

---

[108] Al respecto, véase FERRAJOLI, Luigi. *"Principia iuris*: una discusión teórica", en: *Doxa*, número 31, 2008, pp. 393-436. PABÓN GIRALDO, Liliana Damaris, TORO GARZÓN, Luis Orlando y ZULUAGA JARAMILLO, Andrés Felipe. "Argumentación jurídica de las sentencias de los tribunales constitucionales como método para lograr la constitucionalización del proceso jurisdiccional (Una lectura a partir de la acción de tutela en Colombia)", en: *Cuestiones constitucionales: Revista mexicana de Derecho Constitucional*, número 43, 2020. VARIZAT, Andrés Federico. "Principios y normas "implícitas" en el derecho de daños: problemas de actualidad", en: *Revista de responsabilidad civil y seguros: publicación mensual de doctrina, jurisprudencia y legislación*, Año 14, número 2, 2012, pp. 115-127. BEZERRA LIMA GRADVOHL, Michel André. "Os limites constitucionais à discricionariedade administrativa na execução do orçamento público no Brasil", en: *Revista General de Derecho constitucional*, número 27, 2018.

una norma implícita para fortalecer las normas legisladas y otorgarles coherencia ante semejante prueba de racionalidad.

En nuestro tiempo, donde el *koiné* es la hermenéutica la teoría de la norma implícita quedaría gráficamente así:

Koiné: HERMENÉUTICA

Norma explícita — Si es evidente aplicar → Norma implícita*
← Cuando sea necesario resolver

Método del Derecho
(Esquemas de argumentos a ser utilizados en la interpretación "correcta)

* Normas que son creadas para justificar la argumentación
judicial, o bien, para otorgarle a una argumentación de las
partes, su razonabilidad y fuerza justificatoria.

Como puede observarse hoy la función de la norma implícita no es más que la de justificar soluciones. En este modelo la norma explícita se aplica si es evidente para evitar desplegar un poder hermenéutico innecesario, así como también, en dinámica de *feedback,* la norma implícita pudiera asumir los rasgos de norma explícita cuando sea requerido.

Por eso se dice que la finalidad hoy ya no es como tal hallar o descubrir soluciones, sino, justificarlas. ¿Por qué? Porque si la interpretación se justifica por sí misma, a través de la calidad del razonamiento, ¿cómo me justifica poner en un mismo plano jurisprudencia que es producto de la ponderación, sin existir una regla que me autorice para ello? De esto se deducen algunas ideas que serán necesarias para poder entender los métodos de organización jurisprudencial de la tercera parte de este libro.

Primero, es aceptable que *la jurisprudencia sea una norma*. Basta con revisar algunos artículos del CPC para cerciorarse cómo la propia Casación Civil ha modificado el principal instrumento normativo del proceso en Venezuela sin apelar a mecanismos constitucionales legítimos (anulación, control

97

difuso, etc.). Sencillamente en sus fallos agregan coletillas como "La nueva casación, o nuevas orientaciones de la Casación", sin indicar la fuente de dichas tendencias.

En segundo lugar, *la jurisprudencia son guías* para las decisiones judiciales futuras, que más allá de la elástica concepción de nuestro TSJ sobre el principio de la confianza legítima, propio del *civil law*[109], facilita un mapa de la materia que estamos abordando. Carta de navegación que por muchos zigzagueos que encontremos siempre será una garantía para no perderse.

---

[109] Sobre el principio de la confianza legítima véase GARCÍA DE ENTERRÍA, Eduardo. *El principio de protección de la confianza legítima como supuesto título de la responsabilidad patrimonial del Estado legislador*, Editorial Reus, Barcelona, 2003. LÓPEZ MENUDO, Francisco. "La revisión de oficio, imperio de la discrecionalidad", en: *Revista de Administración Pública*, número 217, 2022, pp. 13-52. MONTOYA BARRIOS, Julio Rafael y CÁRDENAS SIERRA, Carlos Alberto. "El principio de la confianza legítima como modo de prevenir el impacto del cambio de posición de las autoridades", en: *Pensamiento Americano*, Vol. 15, número 30, 2022. DE LA TORRE VARGAS, David. "La confianza legítima como principio fundamental ante la regulación del Estado en la suspensión de plazos de procedimientos administrativos durante el estado de emergencia por el Covid-19", en: *Revista de Derecho Administrativo*, número 18, 2019, pp. 417-435. MUÑOZ MACHADO, Santiago. "Regulación y confianza legítima", en: *Revista de Administración Pública*, número 200, 2016, pp. 141-172. LETELIER WARTENBERG, Raúl. "Contra la confianza legítima como límite a la invalidación de actos administrativos", en: *Revista chilena de Derecho,* Vol. 41, número 2, 2014, pp. 609-634. COVIELLO, Pedro José. "La confianza legítima", en: Estudios de Derecho administrativo, número 7, 2013, pp. 57-120. RODRÍGUEZ-ARANA, Jaime. "El principio general del Derecho de confianza legítima", en: *Ciencia Jurídica*, Vol. 2, número 4, 2013, pp. 59-70. RONDÓN DE SANSÓ, Hildegard. *El principio de confianza legítima o expectativa plausible en el Derecho venezolano*, Editorial ExLibris, Caracas, 2002. BREWER-CARÍAS, Allan R. "Notas sobre el principio de la confianza legítima en el Derecho administrativo", New York, septiembre de 2011, puede consultarse el documento en www.allanbrewercarias.com.

Recapitulando ¿cómo debemos acercarnos a las sentencias antes de organizarlas?. Para ello tenemos dos ideas fundamentales: primero, *toda sentencia es el resultado institucional para resolver un conflicto,* donde no se analizar acá las razones de justificación sino debe resaltarse los elementos propios del poder político. Segundo, la *sentencia es un documento normativo con capacidad para justificarse a sí misma como a otras decisiones.* Esto conlleva que debemos tomar en cuenta la fundamentación del fallo y no el fallo en sí. En el primero encontramos los razonamientos que pueden trasladarse hacia otros casos o para otras hipótesis que deberían ser análogas, pero, muchas veces no ocurre así.

JOSÉ PUIG BRUTAU, en 1951[110], profetizó en cierto sentido lo que para él era una futurable modificación del sistema, que esbozamos en las páginas que preceden. Explicaba el catedrático español:

"(…) muchos juristas prácticos albergan en su mente la más ingenua confianza sobre el valor del método deductivo. Dada la regla general, creen que por deducción, mediante adaptar las circunstancias concretas a la hipótesis genérica, ya han logrado resolver el caso particular sometido a su consideración. Pero en realidad, pierden de vista que no se trata propiamente de concretar una norma abstracta, sino de crear la regla concreta que resuelve el problema planteado y que, por razón de su propia eficacia, **pueda tener el valor de precedente** (…) (negrillas y subrayado nuestro)

"Pueda tener el valor de precedente". La afirmación, para la fecha en que fue publicada, tiene una connotación que merece la pena revisar en las próximas páginas porque por mucho que hablemos de precedente, jamás nuestro Derecho se encuadrará bajo dicha categoría.

---

[110] *La jurisprudencia como fuente de Derecho,* Editorial Bosch, Barcelona, p. 51.

1. *Aproximación conceptual y rasgos característicos de la doctrina jurisprudencial*

Partimos por definir que la doctrina jurisprudencial *es el conjunto de fallos del que se pueden extraer o inferir normas generales para establecer la resolución de un caso.* En Venezuela a esta doctrina jurisprudencial se le agrega la coletilla de "vinculante", en las interpretaciones que realice la Sala Constitucional del Tribunal Supremo de Justicia, por imperativo del artículo 335 de la CRBV.

La doctrina jurisprudencial, en el concepto del *civil law*, es la norma implícita que realmente resuelve los problemas generados en un proceso, o bien, el propio *thema decidendum* que originó dicho proceso. Cuando explicamos la mecánica de la norma implícita en el *koiné* hermenéutico, hicimos hincapié que su obtención ahora proviene de cualquiera de las potestades hermenéuticas que desarrollamos en la primera parte de este libro.

De esta manera nos interesan las doctrinas jurisprudenciales como normas implícitas por la eficiencia y realidad en que resuelven los problemas jurídicos más acuciantes. Lo importante es que su empleo no destruya el sistema jurídico completo, como por ejemplo, para obtener un resultado -estimatorio o desestimatorio- de una pretensión procesal porque así lo estima el poder político.

Usted puede tener una necesidad jurídica que la jurisprudencia paradigmática pudiera resolverle, e inclusive, hacer justicia al caso concreto (ideal axiológico del Derecho); pero, de aplicarse como tal, los daños al sistema serían contraproducentes para otros valores -sobre todo- la confianza en que los conflictos pueden resolverse imparcialmente por ese sistema judicial.

En nuestros días hace falta *prudencia* en buena parte de las decisiones del TSJ. Nos hemos abocado como país en una turbia idea que para resolver la justicia de casos, debo hacerlo sin tomar en cuenta los posibles daños hermenéuticos posteriores a todo el sistema.

Clave para entender cuando estamos ante una decisión que daña el sistema dentro de la doctrina jurisprudencial vinculante, es la característica de la reiteración del contenido jurídico relevante del fallo. No puede calificarse como doctrina jurisprudencial que solo aparezca un fallo -por muy esclarecedor que sea-, no. Generalmente en el *civil law* lo que ocurre al principio es la aparición de la sentencia piloto, y tras ella, se aplicará con fuerza -por autoridad argumental- al resto de decisiones que cita a la primera. Ni siquiera la doctrina vinculante constitucional de la Sala homónima puede calificarla como doctrina por el solo hecho de aparecer una decisión.

Esto es crucial, puesto que, en el *common law*, basta con que aparezca una decisión para si calificarlo como precedente, así dicha decisión no sea reiterativa o tenga lo que el derecho anglosajón denomina "perigree" del precedente que estudiaremos más adelante. Por eso en Venezuela, repetimos, no es correcto hablar de precedentes sino de doctrina jurisprudencial vinculante.

2. *La autoridad jurisprudencial y construcción conceptual*

Lo que realmente determina que una doctrina jurisprudencial sea vinculante, más allá que lo contemple la Constitución, como en efecto ocurre en la CRBV, es *el principio de autoridad argumental*[111] y no una sujeción jerárquica obligatoria como de

---

[111] Sobre el principio del argumento de autoridad, véase COLOMA CORREA, Rodrigo. "La caída del argumento de autoridad y el ascenso de la sana crítica", en: *Revista de Derecho*, Vol. 25, número 2, 2012, pp. 207-228. ATIENZA, Manuel. "El argumento de autoridad en el Derecho", en: *El Cronista del Estado Social y Democrático de Derecho*, número 30, 2012, pp. 14-27. ÁLVAREZ, Silvia. "Razonabilidad, corrección moral y coto vedado", en: *Doxa*, número 30, 2007, pp. 39-43. MARTÍNEZ GARCÍA, Jesús Ignacio. "Decisión jurídica y argumento de autoridad", en: *Anuario de filosofía del Derecho*, número 1, 1984, pp. 149-158.

suyo ocurre en el *common law*. Aunque el artículo 335 constitucional pudiera lucir distorsionante en nuestro sistema, lleva implícito el valor de imposición desde la más alta cúspide del Poder Judicial. Esa imposición es más que todo "persuasiva" (adhesión del auditorio en lenguaje de PERELMAN[112]), aunque por la peculiaridad histórica venezolana de nacionalización del Poder Judicial en 1945, existen atisbos propios de la delegación de las facultades judiciales que según las Constituciones desde 1947, están concentradas en el más alto tribunal de la república.

Por tal motivo es necesario repasar la importancia de la autoridad en la argumentación, no porque pueda cortarlo y terminar imponiendo mecanismos procesales o penales (caso del desacato), sino que en la doctrina jurisprudencial vinculante es lo que obliga a su revisión permanente. En nuestro sistema no existe el "pedrigree" del argumento, como en el *common law*, cuya tesis facilita un sentimiento de seguridad jurídica. Para nosotros esta seguridad se introduce con la autoridad del criterio, que no podría ser modificado para mi caso[113], que como explicamos, se denomina *principio de la confianza legítima*.

La confianza legítima opera en términos sencillos para el *civil law*. Yo siendo justiciable, me dirijo a un órgano de justicia con la convicción que su línea jurisprudencial para mi caso será inalterada y facilitará la estimación de la pretensión concretándose en la sentencia. La doctrina jurisprudencial es pacífica y reiterada, es decir, no existe alteración ni en los argumentos ni en el discurso judicial sosteniéndose en un tiempo prudencial

---

[112] PERELMAN, Chaim. *The Idea of Justice and the Problem of Argument*, Routledge and Kegan Paul, Londres, 1977, p. 173.

[113] Inclusive recientemente la Casación Civil venezolana ha sido enfática que tampoco puede hacerse valer un criterio válido de la casación si para el momento en que fue presentada la demanda dicho criterio era otro o sencillamente inexistente. A nuestro juicio es una aplicación ultra activa del principio de la confianza legítima nada cónsono con la mecánica del mismo.

como para decir que es "consuetudinaria". Si no existiera y de repente cambiara el criterio por cualquier motivo -cambio en la composición del tribunal colegiado, aparición de nuevas corrientes doctrinales, cambios en la legislación, etc.- el daño al sistema de justicia arrollaría todo vestigio de seguridad jurídica.

II. EL PRECEDENTE JUDICIAL DEL *COMMON LAW*

El precedente, en el *common law*, podemos definirlo un *criterio o doctrina presente en las decisiones judiciales, con la convicción de ser una regla normativa que le atribuye valor vinculante por ser dictado por el órgano judicial más alto del sistema de justicia de un Estado.* Este ha sido el concepto más tradicional proveniente del derecho anglosajón, que como indica MORAL SORIANO, está cada vez más presente en los sistemas jurídicos continentales[114].

En el *common law*, el precedente parte por considerarse una regla normativa del mismo valor, y hasta con prelación, en referencia a la legislación dictada por el Poder Legislativo (*Statutes*). Son de dos tipos, los obligatorios o los persuasivos. Con respecto a los primeros, son aquellos que guste o no al juez, éste debe acatarlo una vez se presenten casos análogos que revistan la misma característica. Los de segundo tipo son "guías" que no obligan a los jueces, pero de cuyos elementos, vinculados al razonamiento jurídico y a la unidad de contenidos del Derecho, los deben tomar en cuenta al momento de decidir.

1. *La organización y "pedigree" del precedente*

Como indicamos, los precedentes son de obligatoria observancia por su capacidad persuasiva cuando cumplen su función

---

[114] MORAL SORIANO, Leonor. *El precedente judicial*, Madrid, Marcial Pons, 2002, pp. 16-17.

de asegurar la igualdad de los ciudadanos frente a la ley[115]. De lo contrario el juez puede apartarse del precedente porque de aplicarlo obraría gran injusticia en el justiciable. La reiterada invocación de los mismos genera lo que en doctrina judicial se conoce como el *pedigree* del precedente, en el cual, ante el convencimiento de los jueces que dicho precedente confirmado obra en favor de la justicia del caso, se le reconoce un valor adicional que no tienen otros precedentes. Casos con amplio pedigree en el sistema angloamericano es *Marbury vs. Marshall, Miranda vs. Arizona, Roe vs. Wade,* derogado recientemente por *Dobbs vs. Jackson Women's Health Organization.* Estos al ser invocados en los fallos, automáticamente en la primera parte de la sentencia se indica el número de veces que ha sido aplicado, por lo que una decisión con pedigree conlleva que las páginas preliminares estén repleta de números identificatorios y códigos de cada sentencia que abrazó dicho precedente.

En el *civil law* esta connotación es inexistente, por más que la doctrina jurisprudencial sea ampliamente reconocida como esclarecedora o ejemplarizante. Sencillamente en nuestro país pudiera apartarse sin generar problemas, salvo, el caso del precedente constitucional a la que hace alusión el 335 de la CRBV.

En los Estados Unidos de América, apartarse de un precedente es una de las proezas hermenéuticas más complejas de toda la teoría de la interpretación. Si el juez procede hacerlo, deberá declarar primero la existencia del precedente y posteriormente apartarse del mismo en su caso, previo análisis razonado. Esto se le conoce como la doctrina del *distinguishing*[116]. El otro

---

[115]   TARUFFO, Michele. "El precedente judicial en los sistemas del Civil law", en: *Ius et Veritas,* número 45, 2012, pp. 89-90.

[116]   Para más detalles, véase DA ROSA DE BUSTAMANTE, Thomas. "El precedente judicial según el positivismo excluyente", en: BERNAL PULIDO, Carlos, CAMARENA GONZÁLEZ, Rodrigo y MARTÍNEZ VERÁSTEGUI, Alejandra (Coord.). *El precedente en la Suprema Corte de Justicia de*

mecanismo conocido es el *over rule*[117], cuando el precedente no proviene de un tribunal superior.

No queremos dedicar esta obra al estudio de estos modelos, pues, sólo a efectos referenciales quisimos presentarlo en esta segunda parte en cumplimiento de lo que indicamos sobre la rigurosa observancia de la terminología hermenéutica. Para ello, sugiero al lector que revise el enjundioso trabajo del profesor RAMÓN ESCOVAR LEÓN, *El precedente y la interpretación constitucional,* publicado en 2005 por la Editorial Sherwood.

2.   El *"stare decisis"* como piedra angular

El fundamento de los precedentes en el sistema anglosajón se sitúa en la doctrina del *stare decisis*[117]. En los países afiliados

---

la *Nación,* Centro de Estudios Constitucionales de la Suprema Corte de Justicia de la Nación, México, D.F., 2018, p. 82.

[117]   Véase SALVATTI, Camila y SOARES PUGLIESE, William. "O overruling como elemento de integridade e coerência no direito", en: *Revista Brasileira de Direito,* Vol 17, número 2, 2021, pp. 1-18.

[117]   Sobre el *stare decisis* como piedra angular del sistema de precedentes en el Derecho anglosajón, véase ZORZETTO, Silvia. "Legal Arguments and Case Law precedents: An experiment in judicial-sociological experiment between practice and theory", en: *Problema: Anuario de filosofía y teoría del derecho,* número 16, 2022, pp. 1-11. ESPOSITO, Mario. "Lo stare decisis al vaglio dei principi costituzionali", en: *Rivista di diritto processuale,* Vol. 75, número 3, 2020, pp. 1007-1022. LEGARRE, Santiago y RIVERA, Julio César. "Naturaleza y dimensiones del "stare decisis", en: *Revista chilena de Derecho,* Vol. 33, número 1, 2006, pp. 109-124. ITURRALDE SESMA, VICTORIA. "Precedente judicial", en: *Eunomía: Revista de cultura de la legalidad,* número 4, 2013, pp. 194-201. NIETO GARCÍA, Alejandro. "El precedente judicial", en: AAVV. *Homenaje al profesor Juan Roca Juan,* Universidad de Murcia, Murcia, 1989, pp. 613-640. PULIDO ORTIZ, Fabio Enrique. "¿Es necesaria la regla del precedente?, en: *Problema: Anuario de filosofía y teoría del derecho,* número 16, 2022, pp. 129-154. DELGADO CASTRO, Jordi y DÍAZ GARCÍA, Luis Iván. "El civil law frente al precedente judicial

al *common law*, los tribunales dentro del principio de separación de poderes (poder judicial) no se consideran órganos estatales sino que ellos provienen de las costumbre del lugar (*law of land*), por tanto, ese poder judicial autónomo del concepto de Estado, se organizará por jerarquías de subordinación permanente, es decir, existe la supeditación conceptual y funcional de los órganos judiciales como si existiera entre ellos una real dependencia de los inferiores a los superiores. Esta relación de obediencia obliga a los jueces de menor rango al acatamiento obligatorio de los precedentes dictados por los de mayor nivel, sea cual sea la materia.

En Venezuela -y por lo general en el *civil law*- este concepto es inexistente. Un Juzgado Superior en lo Civil no es jerárquicamente superior a uno de Primera instancia o de municipio. Lo será en tanto y en cuanto exista por intermedio algún recurso procesal (vgr. Apelación) como medio de gravamen siguiendo el modelo de CALAMANDREI, pero solo a efectos procesales en cada proceso de forma particularizada. En efecto, el Juzgado Superior adquiere nuevamente jurisdicción sobre un asunto como consecuencia del efecto devolutivo del recurso (*tamtum devolutum, quantum apellatum*), no porque sea un "Superior" como si operaría en el *common law*. De hecho la terminología del juzgado apelado (*a-quo*) del apelante (*ad-quem*), revelan la inexistencia en nuestro país del *stare decisis*.

---

vinculante: diálogos con académicos de América Latina y Europa", en: *Derecho PUCP: Revista de la Facultad de Derecho,* número 87, 2021, pp. 105-138. TARUFFO, Michele. "Aspetti del precedente giudiziale", en: AAVV. *El precedente judicial y el ejercicio del derecho ante las Altas Cortes,* Centro de Derecho de la Universidad de Medellín, Medellín, 2015, pp. 17-40. DWORKIN, Ronald. "La decisión que amenaza la democracia", en: *Isonomía: Revista de teoría y filosofía del derecho,* número 35, 2011, pp. 7-23. ROBLES ÁLVAREZ DE SOTOMAYOR, Alfredo. "El precedente judicial anglosajón y la jurisprudencia española", en: *Revista general de legislación y jurisprudencia,* número 183, 5, 1948 (mayo), pp. 508-561.

En el *commom law* si, por ejemplo, todos los tribunales de un condado, juzgados o jueces de condado están sujetos a la Corte de Apelaciones y a su vez la Corte de Apelaciones a la Corte Suprema de Justicia de cada Estado en la situación de los Estados Unidos. Ni siquiera el efecto procesal del recurso le otorga al *ad-quem* facultades onmímodas para modificar la decisión del *a-quo*, pues, estaría incurso en *reformatio in peius*, por tanto, censurable su decisión ante la Casación.

III. LA JUSTIFICACIÓN DE FALLOS Y VALOR EN LA CONSTRUCCIÓN DE INSTITUCIONES JURÍDICAS

Como se pudo observar, como revista rápida de este tema conceptual que es sumamente necesario para así poder organizar nuestra futura jurisprudencia, resulta imprescindible comprender que en Venezuela no existe la figura del precedente judicial ni mucho menos patologías que nos indique la presencia del *stare decisis* u otra mecánica propia del sistema anglosajón. Esto porque nos preocupa enormemente cómo en la construcción de instituciones jurídicas basadas sobre sentencias, en los últimos 12 años, se apueste por confundir al foro y a la propia jurisprudencia del Tribunal Supremo de Justicia haciéndole creer sobre la existencia de conceptos que son ajenos -y hasta alérgicos- a la esencia misma de la arquitectura constitucional de nuestros Estados. Este panorama nos obliga a retomar la máxima de LUIS LORETO. al establecer que "(…) *murmurar de los jueces, es un crimen; criticar sus decisiones en público con justas e ilustradas razones, es elevada función ciudadana* (…)"[118].

Justificar sentencias en un sistema de justicia, más allá si se encuentra interrelacionado como relato referencial histórico, requiere de la mayor de las atenciones por el sentenciador. No

---

[118] LORETO, Luis. "Crítica de las decisiones judiciales", en: *Ensayos jurídicos*, Editorial Jurídica Venezolana, Caracas, 1987, p. 403.

es válido en un estado que se precie de "Derecho y de Justicia", que las sentencias sean proferidas sin la revisión sistemática de su contenido por el tamiz de la prudencia; sin analizar previamente el impacto que puede ocasionar sobre la sociedad o cualquiera de sus componentes por el simple hecho de sembrar un avieso protagonismo del ponente -cuando decide hacerse así, pues ahora casi todas las de mayor impacto político o social son ponencias conjuntas- cuyo aporte significativo sea el conflicto, como por ejemplo, denunció el mismísimo RONALD DWORKIN en 2010 con la decisión *Citizen United vs. FEC*, criticando un excesivo interpretativismo[119].

---

[119] Véase DWORKIN, Ronald. "La decisión que amenaza la democracia", en: *Isonomía: Revista de teoría y filosofía del derecho,* número 35, 2011, pp. 7-23.

TERCERA PARTE:

MÉTODOS PARA LA ORGANIZACIÓN DE LAS DOCTRINAS JURISPRUDENCIALES

En la primera y segunda parte abordamos problemas teóricos necesarios para entender las razones de organización de las jurisprudencias, sobre todo, en Venezuela. Observamos que la categoría de fuente se asume por el traslado del *koiné* anterior basado en la teoría de la ley hacia el hermenéutico. Además, pudimos comprobar hasta la saciedad la inexistencia del concepto de precedente en Venezuela, sino el de doctrina jurisprudencial vinculante.

La tercera parte del libro se ha organizado en base a la observación que hemos realizado sobre la literatura metodológica que ha abordado el problema de la jurisprudencia como fuente en occidente. Tomando como referencia el *criterio de la fundamentación*, en el cual, lo que realmente importa y aporta para el discurso jurídico son las doctrinas presentes en las decisiones, en la *ratio dicendi*, que la hace fuente para su consulta.

I. ¿PARA QUÉ UN MÉTODO DE ORGANIZACIÓN JURISPRUDENCIAL?

Globalmente tenemos tres métodos de organización de doctrina jurisprudencial que trabajaremos en este libro: el método de argumentación organizatoria, el método de la cliometría jurisprudencial y el método de la sistematización lógico-temática.

Desde un punto de vista gráfico, luciría así:

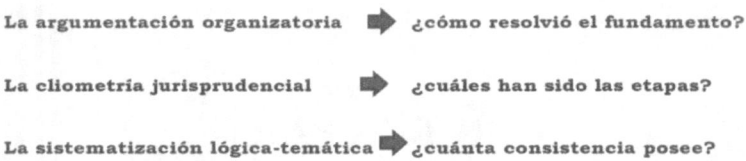

Cada método está diseñado para responder preguntas que, tanto para el investigador como el consultante, resultan capitales al momento de organizar la doctrina jurisprudencial. Por ejemplo, si nuestra inquietud es sobre fundamentos, lo más lógico es operar en el MÉTODO DE ARGUMENTACIÓN ORGANIZATORIA. Ésta última me responderá la pregunta ¿cómo resolvió el fundamento de tal o cual materia? ¿Cómo esas doctrinas resolvieron argumentalmente determinados problema?

Pero, suponiendo que no nos interesa los fundamentos sino la evolución -o a veces involución- de esa doctrina jurisprudencial, entonces el método más pertinente es el de CLIOMETRÍA JURISPRUDENCIAL que responde a la pregunta ¿cuáles han sido las etapas? En este particular debo advertir que la cliometría fue el método que empleamos para la elaboración de nuestra tesis doctoral en la Universidad de Deusto, introduciendo al Derecho, este peculiar y consolidado método presente en la economía para el estudio de los períodos económicos.

Ahora bien, ¿y si no nos interesa ni sus fundamentos ni su evolución, cómo debo hacer? En estos casos de SISTEMATIZACIÓN LÓGICO-TEMÁTICA, implica ya no tanto ir a los fundamentos sino explicar tal y como esas doctrinas jurisprudenciales organizaron la materia, sea a nivel de: conceptos, procedimientos, perfiles institucionales característicos, naturalezas jurídicas, etc.

Este tercer método responde a la pregunta ¿cuánta consistencia posee dicha doctrina jurisprudencial, como por ejemplo, sobre la disciplina urbanística?

Lo que buscamos explicar aquí es sumamente importante, porque todo depende de la finalidad por el cual se formule el análisis jurisprudencial. Si no tenemos la claridad sobre lo que vamos hacer con la jurisprudencia, sencillamente, como siempre hemos respondido a muchos alumnos cuando ocurre esto: *"no se ponga hacer nada, preferiblemente agarre y copie un libro de algún autor que haya hecho un análisis y usted lo cita con el típico ob. cit., sea en normas APA o por Chicago/Deusto"*, o como dice, "citando al autor tal", remite a una nota de página extensa y expresa. Si usted no tiene la lucidez sobre lo que está buscando, poco o nada servirán esos métodos. Ahora, si usted, por ejemplo, se encuentra en estado de lisura sobre lo que desea analizar, pues entonces para eso existe un método para los intereses de su búsqueda; por eso no hay un único método de análisis jurisprudencia. Sencillamente no existe un único método.

Por ello es importante el énfasis, la *fundamentación del fallo*. Las preguntas siempre irán dirigidas hacia allí, nunca hacia el fallo sino hacia la fundamentación, que es lo que me interesa porque el fallo en sí cumple su papel de norma implícita, particularizada, que solamente va afectar, si se quiere, a los justiciables en ese *iter*, en esa *litis*, en esa relación procesal en específico. A nivel general no debe interesarnos la resolutoria o las peculiaridades sobre cómo ha sido condenado un deudor, o la nulidad de un reglamento por desviación de poder, tomando como referencia dos casos al azar.

Ahora, hay una serie de preguntas que son importantes antes de entrar en un método de organización de doctrina jurisprudencial. El título de este libro se intitula *"Jurisprudencia y Derecho, métodos y cliometría. Análisis e investigación en Derecho III"*, para lo cual resaltamos las palabras métodos y cliometría.

Ya lo del subtítulo *Análisis e Investigación en Derecho III* proviene de la colección con este nominativo que comenzamos a publicar en 2007[120], 2015[121] y 2022[122].

Visto esto, entonces, hay unas preguntas básicas antes de emplear un método de organización jurisprudencial que usted se las debe hacer, ¿cuáles son estas preguntas básicas?:

Primera pregunta: ¿Para que organizo la doctrina jurisprudencial? Luce obvia la respuesta, aunque a veces no resulta así.

Segunda pregunta: ¿En comparación con otra época, por ejemplo, puedo yo pregúntame si es anterior a los años 90 del siglo XX, o posterior, por dar un ejemplo? Esta es otra pregunta importante, el punto referencial del tiempo. Las doctrinas jurisprudenciales avanzan o retroceden "como suelo en constante

---

[120] El primer ejemplar se denominó "Análisis e investigación en Derecho", que bautizamos como Análisis I, publicado por la Universidad Católica Andrés Bello en 2007 mientras impartíamos la cátedra de seminario de investigación en el pregrado. Es el libro oficial de la Facultad de Derecho para establecer las pautas sobre el papel del seminario de investigación en los futuros abogados. Aproveché este espacio para fortalecer las habilitades de análisis textual y lecto-escritura, con la reconstrucción de sucesos acaecidos en el momento.

[121] En 2015 la UCAB publica la segunda edición -aumentada y corregida- con una mayor cantidad de ejercicios para los estudiantes del Seminario de investigación en teoría del Derecho. En esta oportunidad quisimos aportar esta obra como una herramienta eficiente contra la recién instalada filosofía del copy/paste y el plagio.

[122] En 2022, publicamos *Análisis e Investigación en Derecho II* (Prólogo del R.P. José del Rey Fajardo sj), gracias a la Editorial Jurídica Venezolana (Colección estudios jurídicos N° 149, 254 pp.). Análisis II está dedicado íntegramente al trabajo con los métodos de investigación jurídica occidentales para los candidatos a especialistas y maestrantes de los programas de postgrado de la Facultad de Derecho impartidos por la Universidad Católica Andrés Bello.

movimiento", como indicó GARCÍA DE ENTERRÍA[123], y cuando se habla de retroceso, es regresar estadios que ya se consideran "superados".

Y, <u>tercera pregunta</u>, capital a nuestro juicio, ¿la legislación acepta la doctrina jurisprudencial como fuente? Aquí trabajaremos con dos ejemplos, en el caso el español y alemán.

El artículo 117 de la Constitución Española de 1978

Establece en su primer numeral, *"la justicia emana del pueblo y se administra en nombre del Rey por jueces y magistrados integrantes del Poder Judicial, independiente, inamovibles, responsable y sometidos únicamente al imperio de la Ley"*. Nótese la frase *"sometidos únicamente al imperio de la Ley"*, por eso que, en el caso español, allá si puede haber alguna doctrina jurisprudencial vinculante; pero siempre queda la libertad que el tribunal o el magistrado, dependiendo del sistema de organización del Estado Autonómico español, decida aceptar o no por la persuasión del fundamento porque a lo mejor el Tribunal Supremo, en su sentencia número tal fijó un criterio diferente. El caso español está muy vedado, y, sin embargo, en España se argumenta, en España se pondera, en España sí aplica hermenéutica, en España no solamente se interpreta o se aplica la Ley.

En el caso alemán también hay autorización al respecto. La Ley Fundamental, el Estatuto de Bonn, de 1949, establece en su Artículo 97 lo siguiente: *"los jueces son independientes y están sometidos únicamente a la ley"*. En términos sencillos *"sometidos únicamente a la ley"*. A simple vista luce que ahí no hay cabida el tema de la doctrina jurisprudencial y, sin embargo, el Tribunal Constitucional obliga, con sus sentencias, algunos aspectos vinculantes. Pero, como les digo, estamos viviendo tiempos donde hasta los propios países más ortodoxos, que respetan

---

[123] GARCÍA DE ENTERRÍA, Eduardo y RAMÓN FERNÁNDEZ, Tomás. *Curso de Derecho administrativo,* Madrid, Editorial Civitas, 1995, Tomo I, p. 11.

la situación de la legislación, terminan también echando al cesto de la basura este aspecto. Era post-DWORKIN que blasona irónicamente ANDRÉS ROSLER.

La Constitución venezolana de 1999 contempla la *interpretación y la aplicación*; tal como explicamos en la primera parte de este libro. A nivel infraconstitucional permite el Código Civil ir a otras fuentes cuando no existe una norma clara, en el caso de los principios generales del Derecho. El Código de Procedimiento Civil de 1986 también apunta hacia otras fuentes, a su "prudente arbitrio" como blasonan sus artículos 12 y 23. El Código de Ética del Juez Venezolano y la Jueza Venezolana[124], en su artículo 10 precisa que "(…) *Las argumentaciones e interpretaciones judiciales deberán corresponderse con los valores, principios, derechos y garantías consagrados en la Constitución de la República y el ordenamiento jurídico. Los jueces o juezas no deben invocar a su favor la objeción de conciencia* (…)".

II. LA ARGUMENTACIÓN COMO CRITERIO DE ORGANIZACIÓN

Vamos a trabajar el primer método, que es el *método de la argumentación organizatoria*. Hemos bautizado con este título porque, como se indicó *ut supra*, la argumentación es uno de los poderes hermenéuticos del juez y en los últimos años ha adquirido especial relevancia por la retroalimentación de un sistema que toma como referencia la jurisprudencia. Los argumentos judiciales en las doctrinas jurisprudenciales son considerados puntos de partida para la resolución de otros problemas en los expedientes. El argumento judicial, por su concisión, facilita -tomando como base la navaja de OCCAM- un proceso de simplificación al momento de seleccionar la respuesta correcta para el caso en cuestión.

---

[124] Publicado en Gaceta Oficial de la República Bolivariana de Venezuela, extraordinario, número 6.207 de fecha 28 de diciembre de 2015.

114

Gráficamente el método de argumentación organizatoria sería presentada de la siguiente forma:

Método de argumentación organizatoria

Ratio y finalidad del método   ¿Cómo resolvió el fundamento?

Tesis de fundamento   Teoría de la identidad argumental

Pasos operativos

Primer paso
¿Cuál ha sido la potestad hermenéutica empleada por el juez para la fundamentación del fallo?

Segundo paso
Organizar los fallos según esa potestad hermenéutica

Tercer paso
Establecer el mapa hermenéutico jurisprudencial

La *ratio* y finalidad de este método: Organizamos la doctrina jurisprudencial a través de este primer método cuando mi interés es determinar o precisar ¿cómo resolvió el fundamento del fallo o la fundamentación del fallo? Yo puedo hacer un análisis, no tanto, por ejemplo, de la jurisprudencia de la Sala de Casación Penal. Sin embargo, a mi no me interesa tanto la institución penal inserta en las decisiones, sino ¿cómo la Sala de Casación fundamentó una interpretación sobre determinado artículo? Poco importa el aspecto temático. El interés en este primer método es ¿cómo llegó el sentenciador a ese fundamento?

¿Cuáles son los pasos operativos? Son tres pasos que deben cumplirse, observando, las preguntas -*prima facie*- previas para dar proceder a la organización del número de sentencias, fechas, etc.

Primer paso:

INDAGAR LA PROPUESTA HERMENÉUTICA DEL JUEZ

Comenzamos preguntándonos ¿cuál ha sido la potestad hermenéutica empleada por el juez para la fundamentación del fallo?. Esto es esencial por cuanto sabremos si los fallos son susceptibles de este método dependiendo de cuál facultad hermenéutica empleó el juez. Supongamos: tengo 15 sentencias de la Sala Constitucional. La primera pregunta que debemos hacernos es ¿cuál ha sido la potestad hermenéutica que ha prevalecido para fundamentar cada fallo?

En las decisiones puede colegirse si se emplean términos como "hemos ponderado", "hemos revisado la argumentación", "hemos interpretado y aplicado el artículo". A veces aplican un artículo y se abre un compás de preguntas lógicas, como por ejemplo ¿y por qué en este caso aplicaron Derecho y aquí no?" Ah, ¿fue interpretación? No, ¿fue hermenéutica general (porque la hay)? Si hay sentencias, como por ejemplo la 1309 del año 2001 de la Sala Constitucional, que abiertamente indican cómo debe interpretarse el Derecho, según la doctrina política imperante.

<u>Segundo paso</u>:

ORGANIZAR LOS FALLOS SEGÚN LA POTESTAD HERMENÉUTICA

Es necesario agrupar las decisiones según la potestad utilizada para entender el alcance de los argumentos allí presentes. Cuando estamos en esta etapa podemos descubrir las falencias o potencialidades de una decisión judicial con capacidad para convertirse en doctrina jurisprudencial de carácter vinculante. Allí precisamos la capacidad del sentenciador para verificar su compromiso con el sistema jurídico, con la ética judicial y con su propia histórica hermenéutica. Esto es fundamental, y para ello, nos remitimos a lo explicado en la primera parte de este libro donde analizamos cada potestad hermenéutica.

Tercer paso:

ESTABLECER EL MAPA HERMENÉUTICO JURISPRUDENCIAL.

Es establecer el escenario hermenéutico empleado. Es decir, "ah mira está decisiones fueron..."; las que se revolvieron a través de la argumentación bajo esa única potestad, o vinculada, o mutada, entre argumentación e interpretación. Podemos estar también ante un caso resuelto entre interpretación y argumentación, para lo cual, debe establecerse el puente, que se sitúa siempre en la salvaguarda de los derechos fundamentales como lo indicó en su momento RICOEUR.

Si se cumplen los tres pasos anteriores, vamos a descubrir, casi como por arte de magia, lo implícito de una conclusión judicial. Relucirá la expresión: "Ahora entiendo muy bien, ahora entiendo muy bien", porque estas decisiones tienen una lógica. Un ejemplo resulta con el concepto de las generaciones de Salas Constitucionales en Venezuela. Muy diferente el criterio de las decisiones de la primera generación (2000-2005), contrastadas con la segunda (2006-2011), la tercera (2011-2022) y la más reciente, la cuarta Sala (2022-).

A modo de ejemplo, este método lo utilizamos en 2018 para la publicación "Las funciones de gobierno ejercidas por la jurisdicción constitucional. ¿Es aceptable una modificación de la teoría de separación de poderes por un tribunal constitucional? El caso de la Sala Constitucional del Tribunal Supremo de Justicia de Venezuela 2016-2018"[125]. En el estudio de dos años de jurisprudencia de la Sala Constitucional, encontramos los fallos que fueron establecidos a través de hermenéutica, ponderación, argumentación, e inclusive, aplicación del Derecho cuando resultaba que la consecuencia se obtenía con sólo aplicar silogísticamente un dispositivo legal.

---

[125] Publicado en *Estudios de Deusto,* Vol. 66/2 (julio-diciembre 2018), pp. 461-497. *Revista arbitrada de la Facultad de Derecho de la Universidad de Deusto*, Bilbao, España.

1. *La teoría de la identidad argumental*

La fundamentación de este método se basa en la teoría de la identidad argumental; es decir, ¿por qué voy a organizar doctrina jurisprudenciales en este aspecto? Porque lo que nos interesa es que la "calidad argumental empleada" en los fallos a, b, c, d, f y los que sean, o los que se haya seleccionado en el período x, sean representativas frente al resto de decisiones en conjunto. Todos parten por el mismo proceso de verificación: debe existir identidad argumental. Si no la existe, entonces, estaríamos frente a casos de fallos atípicos, que, no cumplirían los requisitos mínimos que establecimos para poder calificarlo como doctrina jurisprudencial.

2. *El método del "argumento de autoridad" y la idea troncal de la doctrina jurisprudencial*

Uno de los puntos que debe resaltarse con este primer método, es lo que explicamos sobre el concepto de "argumento de autoridad" como eje troncal de los sistemas, como el venezolano, donde opera plenamente la doctrina jurisprudencial vinculante. En Venezuela no ha nitidez sobre cuándo podemos estar ante una jurisprudencia que le asiste este argumento, como sí ocurre en España, por ejemplo, con el concepto de "doctrina reiterada" que forma parte de su tradición jurídica. Para que opere ésta última debe por lo menos mencionarse dos sentencias precedentes (no pilotos)[126]. Se emplea un doble fundamento de esta autoridad, por un lado, es dictado por el más alto órgano de justicia, y por el otro, se confía en la "ejemplaridad de los fallos", donde, se justifica el caso actual según una regla común para casos anteriores, como si de suyo la jurisprudencia fuera un puente fiable entre los casos anteriores y el actual[127].

---

[126] MORAL SORIANO, Leonor. ... *El precedente judicial* ..., p. 175.

[127] *Ibídem.*

III. EL MÉTODO CLIOMÉTRICO DE ORGANIZACIÓN JURISPRUDENCIAL

El segundo método, según el criterio asumido en esta obra, es el denominado *método cliométrico de organización jurisprudencial*. Esta técnica en particular la introducimos en Venezuela en 2006, previa la publicación de mi tesis doctoral, cuando decidimos organizar los períodos de la jurisprudencia de Casación Civil en materia de interpretación de los contratos[128].

La *cliometría* como disciplina edificada por los economistas en su constante estudio de los períodos económicos[129], circunscribe toda metodología en identificar el estudio de los ciclos y etapas de la realidad misma que las agrupa. Tuve el privilegio de traspolar este método de la economía al Derecho cuando organizamos toda la jurisprudencia casacional contractual en lo relativo a su interpretación.

A diferencia del primero, no vamos a revisar cuáles han sido, el fundamento de los fallos, sino que nos preguntamos ¿cuáles han sido las etapas? Sencillamente no nos incumbe entrar en los dilemas argumentales sobre si lo hizo bien, si utilizó la potestad hermenéutica adecuadamente, etc. Sólo nos interesa agrupar en etapas en materias muy generales.

Gráficamente el método cliométrico funciona así:

---

[128]   Véase URBINA MENDOZA, Emilio J. "La interpretación de los contratos en la jurisprudencia venezolana. Análisis jurisprudencial de los paradigmas hermenéuticos aplicados a lo largo de la historia republicana (1875-2005), en: SOTO COAGUILA, Carlos Alberto (Dir.). *Tratado de la interpretación del contrato en América Latina,* Buenos Aires, Grijley-Rubinzal-Culzoni, 2007, Tomo III, pp. 2305-2376.

[129]   Véase HUGHES, John. *American economic history; the development of a natural economy.* Illinois, Homewood, 1969. También, REITER, Stanley y HURWICK, Louis. *Designing economic mechanism,* Cambridge University Press, 2005.

<u>**Método de cliometría jurisprudencial**</u>

Ratio y finalidad del método   ¿Cuáles han sido las etapas?

Tesis de fundamento   Teoría del criterio vigente

<u>Pasos operativos</u>

<u>Primer paso</u>
Identificar un período jurisprudencial tomando como referencia o bien un documento normativo (Constitución, ley, reglamento, etc.) (Las sentencias se organizan desde la más reciente hasta la más remota)

<u>Segundo paso</u>
Identificar el eje histórico, el cambio cualitativo y el discurso histórico

<u>Tercer paso</u>
Identificar cada etapa con un nombre que sea gráfico a la esencia

Tesis de fundamento ya no es como en la vía anterior, la teoría de la identidad argumental, sino *la teoría del criterio vigente*. Este método está dirigido para los litigantes, muy recomendado para ellos, porque pone en orden de forma nítida cómo ha funcionado la materia que nos interesa averiguar. En cuanto a sus pasos operativos, también, son tres:

<u>Primer paso</u>:

IDENTIFICAR UN PERÍODO JURISPRUDENCIAL TOMANDO COMO REFERENCIA O BIEN UN DOCUMENTO NORMATIVO (CONSTITUCIÓN, LEY, ETC.) O BIEN OTRAS SENTENCIAS

El primer paso es identificar un período jurisprudencial tomando como referencia o bien un documento normativo (léase, por ejemplo, la jurisprudencia constitucional según la Constitución de 1961, o bien una ley, reglamento, etc.). Aquí existe una referencia desde lo normativo. Yo quiero estudiar la jurisprudencia laboral en cliometría. Puedo tomar como referencia la jurisprudencia laboral general de la Ley Orgánica del Trabajo, de los Trabajadores y Trabajadoras, como así se llama desde 2012; o de la Ley Orgánica del Trabajo de 1990. O queremos analizar, por ejemplo, de la Reforma del Código Orgánico Procesal Penal (COPP) la jurisprudencia, la doctrina jurisprudencial de la Sala de Casación Penal, ¿cuál ha sido desde la reforma del 2012 del COPP?

Este primer paso se organiza desde la sentencia más reciente hasta la más remota. Es más, uno va trabajando desde el 2023, regresivamente, 2022, 2021, 2020 hasta remontar hasta la primera decisión piloto.

Segundo paso:

IDENTIFICAR EL EJE HISTÓRICO, EL CAMBIO CUALITATIVO Y EL DISCURSO HISTÓRICO

Segundo, debo identificar tres conceptos intrínsecos en el estudio de cualquier período: el eje histórico, el cambio cualitativo y el discurso histórico. Los tres deben coincidir para que podamos hablar de un antes y un después en el ciclo, evitando cualquier atisbo de arbitrariedad en la periodización.

Comenzamos por el *cambio cualitativo*. Es la identificación de la realidad histórica que signa al resto de aconteceres sociales como principio[130]. Como su palabra lo indica, lo cualitativo identifica los rasgos característicos de ese hecho que será repetido durante el período. Es la manifestación histórica nueva, no vista en los períodos anteriores y que es perfectamente distinguible de otros aconteceres sociales. El cambio cualitativo en el caso de la jurisprudencia sería el fallo nuevo que aborda un problema que en otro tiempo no se hizo de esa manera. Por ejemplo, si la Sala de Casación Civil a partir de una sentencia asignó a un lapso procesal el carácter de prescriptibilidad y no de caducidad como solía ocurrir en decisiones pasadas.

Seguidamente debemos revisar si ese cambio cualitativo comparte elementos con el denominado *eje histórico*. Este se define como la dimensión, hecho o proceso que influye sobre todo lo analizado[131]. Sobre éste se construirán las ideas y demás

---

[130] VIDAL FERNÁNDEZ, Fernando. "La modernidad como edad de universalización: revisión del programa weberiano de modernización", en: *Miscelánea Comillas,* número 126, 2007, p. 151.

[131] Vidal FERNÁNDEZ, Fernando. *Ob. Cit.*, p. 150.

materializaciones durante el cual se mantenga dicho eje. Es en sí la idea medular del raciocinio histórico, donde, el resto de los hechos y sucesos deberán acoplarse. Siguiendo el ejemplo anterior, el eje histórico de esa nueva etapa donde se asume el lapso como de prescripción, partirá por un cambio en la dinámica de la Sala, sea porque aparece una nueva obra doctrinal que influye a todos los magistrados, sea porque en la revisión de los casos, en lo que ahora se llama "nueva casación"[132], se prefiere generar mayores garantías por sobre la seguridad jurídica.

El tercer elemento concurrente es el *proyecto histórico*. Son las versiones, programas de naturaleza político, social, económica, jurídica, cultural, etc., que buscan explicar a su manera, o influir abiertamente, sobre la esencia de un particular eje histórico[133]. Este componente es sumamente importante destacarlo porque tiende a ser huidizo y esconderse en otros conceptos. Puede ser, si seguimos el ejemplo de cambio de criterios sobre un lapso, que se instale en la Sala una nueva corriente de interpretación del Derecho. Esta novedad puede introducir nuevas concepciones sobre cómo entender y aplicar las categorías (Vgr. caducidad o prescripción) sobre instituciones procesales. La principal cualidad del proyecto histórico es que se articula en un discurso esencialmente ideológico, capaz de influir sobre el resto del período siendo su justificación un sinfín de motivaciones, todas, direccionadas hacia la construcción hegemónica de un discurso capaz de mostrarnos esa historia como si fuera producto exclusivo de su óptica.

---

[132] En especial, véase Sala de Casación Civil del Tribunal Supremo de Justicia, sentencias número RC-000201 de fecha 4 de junio de 2019 (Caso: *Diosdado Cabello vs. Inversiones Watermelon, C.A.*) y RC-000723 de fecha 29 de noviembre de 2022 (Caso: *Abastico Virtual vs. Nestlé de Venezuela*).

[133] Vidal FERNÁNDEZ, Fernando. *Ob. Cit.*, p. 154.

Tercer paso:

IDENTIFICAR CADA ETAPA CON UN NOMBRE QUE SEA GRÁFICO A LA ESENCIA

Y, en el tercer paso, debemos identificar cada etapa con un *nombre que sea gráfico a la esencia*. Es decir, yo debo ser lo suficientemente gráfico. En este punto me permitiré emplear las calificaciones a cada período que impuse en mi tesis doctoral sobre la periodización de la jurisprudencia casacional en interpretación de los contratos desde 1876.

En nuestra tesis doctoral, en Venezuela, en materia de interpretación de los contratos civiles, o de la casación civil, o lo que abarca -incluye jurisdicción mercantil-, son tres etapas jurisprudenciales: una primera que discurre entre 1876 hasta 1897, caracterizada por el casuismo en las decisiones, sin regla específica a la cual censurar en la Casación, que bautizamos como de *indeterminación normativa*. En 1897 inicia un nuevo tiempo que se prolongará hasta 2002, cuyo cambio cualitativo fue la aparición del Código de Procedimiento Civil de ese año contemplando una de las reglas más claras sobre interpretación de los contratos, y que perviviría en el CPC de 1916 y el vigente de 1986. Con la aparición de este artículo, se introduce un *sistematismo gramatical*, porque tiene algunos elementos propios sobre lo que era la prohibición de la regla *in claris non fit interpretatio*, limitándose el juez casacional al tema gramatical, salvo, si en instancia el sentenciador calificó bien o mal un contrato. Finalmente, existe una tercera etapa que comienza en 2002 hasta nuestros días con la sentencia mejor conocida como ASODIVI-PRILARA[134], denominándole *sistematismo selectivo de interferencia*. ¿Por qué le digo selectivo? Porque curiosamente, a través de la decisión en ciernes se modificó el criterio sobre cómo

---

[134] Tribunal Supremo de Justicia/Sala Constitucional, sentencia número 85 de fecha 24 de enero de 2002 (Caso: *Asociación Civil de Deudores Hipotecarios de Vivienda Principal-ASODIVIPRILARA vs. Superintendencia de Bancos y otras Instituciones Financieras*).

debe interpretarse los contratos en las Salas del máximo tribunal, mientras que, la propia Casación Civil sigue manteniendo de vez en cuando la letanía: "La interpretación de los contratos es materia de los jueces de instancia".

1. *Organización por etapas jurisprudenciales del contenido justificatorio de las decisiones*

Hay un punto que merece la pena mencionar en este libro y bajo el amparo del segundo método de análisis jurisprudencial, el cual está relacionado con las etapas jurisprudenciales que sean asumidas bajo la cliometría. Desde la ilustración tenemos la mala costumbre de partir por un punto de referencia más o menos arbitrarios, casi siempre, escogido por el discurso histórico. A este momento le llamamos el "año cero histórico". Toda investigación jurisprudencial cliométrica debe evadir cualquier noción del cero histórico, un acontecer humano, un punto de partida obligatorio sobre el cual se desarrolla la narración y concluye con otro momento histórico arbitrariamente escogido.

Este año cero histórico, pernicioso para la objetividad en la organización jurisprudencial cliométrica, no debe entender jamás que es un determinado punto de la cronología histórico-jurisprudencial de refundación de todo el discurso en las sentencias humanamente proferidas. Siempre existirán fechas anteriores y nuevos enfoques que seguramente cambiarán la periodización formulada en un principio. No podemos dejarnos atrapar por la atractiva ingenuidad de la ilustración en esta materia, porque siempre terminará siendo, como apunta RODRÍGUEZ-ENNES, un instrumento al servicio de la división de la historia en "(…) *trincheras y barricadas, desde donde propagar o difundir filosofías e intereses (…)*"[135].

---

[135] RODRÍGUEZ-ENNES, Luis. "El Derecho Romano y la Ilustración", en: *Seminarios complutenses de Derecho Romano*, Vol. VI, 1994, p. 125.

IV. EL MÉTODO DE SISTEMATIZACIÓN LÓGICA-TEMÁTICA

Existe un tercer método que opera cuando no nos atañe ni la evolución jurisprudencial, ni mucho menos su fundamentación. Es el caso donde la motivación centra el interés de tematizar y sistematizar sobre determinada jurisprudencia. Estamos entonces en presencia del método de sistematización lógico-temática, como explicamos gráficamente:

Método de sistematización lógico-temática

Ratio y finalidad del método   ¿Cuál consistencia posee la
                                      doctrina jurisprudencial?
                                      ⇨
Tesis de fundamento   Regla de la universalidad y
                                      consistencia del razonamiento.

Pasos operativos

Primer paso
Identificar los ejes temáticos de las sentencias (Instituciones objetivas o adjetivas)
⇩
Segundo paso
Precisar la regla lógica de universalidad
⇩
Tercer paso
Precisar la regla lógica de la consistencia e inercia (justificación)

Ratio y finalidad del método: responde a esta pregunta, ¿cuál es la consistencia que posee la doctrina jurisprudencial? Vamos a suponer, si yo quiero verificar lo que es la acusación penal, según el COPP, entonces deberá probarse según la consistencia de doctrina jurisprudencial que se ha presentado a lo largo del período que yo decida. A diferencia del anterior método cliométrico, los períodos son opcionales, solo que debe mantener o bien una *sincronía* (desde la decisión más antigua hasta la más reciente) o *diacronía* (desde la sentencia más reciente hasta la más remota).

La tesis de fundamento: al ser doctrina jurisprudencial y no precedente, debe aplicarse dos reglas para mantener una coherencia en la organización de la jurisprudencia seleccionada. A

125

esto se le conoce como fundamento en la *regla de la universalidad y consistencia del razonamiento*. Por eso se denomina método lógico-temático. Desde el punto está operativo también son tres pasos los que deben seguirse en este método:

Primer paso:

IDENTIFICAR LOS EJES TEMÁTICOS DE LAS SENTENCIAS (INSTITUCIONES SUSTANTIVAS O ADJETIVAS)

Primero, debo identificar ejes temáticos de las sentencias. Tenemos que separar las instituciones sustantivas de las adjetivas; es decir, no puede aplicarse una suerte de combinación entre ambas naturalezas. Es obligatorio separarlas.

Es beneficioso para el óptimo resultado realizar la distinción entre la esfera procesal de la sustantiva. ¿Por qué? Porque es muy diferente que revisemos, por ejemplo, el criterio temático sobre la acusación visto desde el punto vista de la ciencia del proceso, como dentro del COPP, que trabajarlo ya como concepto de acusación procesal según la jurisprudencia. ¿Se dan cuenta? Cambia totalmente. Entonces, el primer paso es dividir esas decisiones, o sea identificar los ejes temáticos y esos ejes temáticos, hay que trabajarlos porque entonces vamos a tener resultados diversos y la consistencia del razonamiento termina perdiéndose sino existe la verificación de la regla de universalidad.

Segundo paso:

PRECISAR LA REGLA LÓGICA DE UNIVERSALIDAD

El segundo paso es precisar la regla lógica de universalidad, para cotejar cada una de las sentencias y otorgarle coherencia. Por la precisión vamos abordarla más adelante con mayor detenimiento.

Tercer paso:

PRECISAR LA REGLA LÓGICA DE CONSISTENCIA E INERCIA

La tercera fase es verificar la regla lógica de la consistencia e inercia. Que viene a ser lo que se llama justificación en lenguaje menos filosófico. También lo precisaremos con mayor detenimiento en los siguientes subepígrafes.

1. *La regla de universalidad*

La regla lógica de la universalidad, a los efectos de la organización de jurisprudencia bajo el esquema lógico-temático, sólo se puede entender bajo lo que MCCORMICK denomina "ámbito de justificación"[136] .

La regla universidad es el ámbito donde "*la decisión tiene que estar justificada en una razón única para justificar casos semejantes, y especialmente, que vaya a ser utilizada para casos futuros similares*". No es que, vuelvo a repetir, que sea una sola decisión marque la razón única. Ahí no hay doctrina jurisprudencial. Sencillamente es una sentencia piloto (razonabilidad *ad-hoc*); y, una sola decisión del máximo tribunal no me hace jurisprudencia. Por lo tanto, al no hacerme jurisprudencia tengo que tomar en cuenta qué análisis voy a hacer.

Ahora, es muy diferente cuando son cinco, seis, siete, decisiones que me abordan el problema, vamos, un ejemplo: el eje temático de la acusación penal. Supongamos, según el concepto en la Sala Constitucional, que aparecen 8 o 12 decisiones sobre una concreta cuestión planteada por las partes en esa materia. Todas las decisiones deben más o menos abordar la acusación penal en los mismos términos, bajo la universalidad, sea en cualquiera de las mecánicas sugeridas por el propio MCCORMICK,

---

[136] MCCORMICK, Neil. *Legal Reasoning and Legal Theory*, Claredon Press, Oxford, 1978, p 155.

conocidas como el *back and foward looking*[137]. En el "back", el organizador de la jurisprudencia deberá verificar que el juez ha decidido de la misma forma casos semejantes anteriores. En el "foward", la misma persona deberá organizar los casos de hoy según las razones que deberá adoptar previsiblemente hacia el futuro, en los casos similares.

De esta forma, al revisar las sentencias de la Sala Constitucional, -seguimos con el ejemplo de lo que es la acusación-después del año referencia (pongamos 2017), hemos examinado que de esas ocho decisiones, cinco están enfocada hacia lo que es el concepto de la acusación, hacia características de la acusación; y tres, con respecto a la operatividad procesal de la misma. En esta circunstancia debe separarse las doctrinas jurisprudenciales relacionadas a la operatividad procesal de las que tienen que ver con el ámbito sustancial, comprobándose si una sentencia y otra cumple esta regla de universalidad. Si las cumple pasaremos al siguiente paso como es templar la doctrina jurisprudencial a través de la regla de consistencia.

2.   *La regla de consistencia: justificación interna*

En cuanto la regla de consistencia es conocido como el principio *de justicia formal* o también expresado en el término *justificación interna del fallo*. El nivel interno de justificación concierne a la fundamentación lógica deductiva y el nivel externo concierne a la fundamentación de las premisas. Esto es, si, por ejemplo, esa doctrina jurisprudencial llega a una idea, vamos a decirlo así, a un "consenso sobre lo que es el concepto de acusación" (seguimos con el ejemplo de la fase anterior).

En este punto, existen sentencias que, simplemente, lo que hacen es remitir a otras sentencias, cual *copy/paste*. Acá no hay consistencia sino imposición, "porque, la Sala arbitrariamente así lo determinó". Entonces debemos establecer si realmente

---

[137]   MCCORMICK, Neil. *Ob. Cit.,* p. 75.

tiene fuerza esa doctrina jurisprudencial, porque muchas veces hay decisiones inconsistentes pero reiteradas. Son remisiones de remisiones que eso desde el punto de vista de técnica decisional es inaceptable, porque transforma una decisión prácticamente en una arbitrariedad, donde no hay ninguna regla de consistencia, sino, única y exclusivamente, como diciendo "Bueno, como ya yo lo dije, así que lo vuelvo a decir".

3.   *El principio de inercia: justificación externa*

Visto esto, dentro del método lógico-temático, también quiero referirme a otro principio importante: la *regla o principio de inercia* formulado por PERELMAN[138]. En este caso, quizá para entender cómo en la doctrina jurisprudencial puede apartarse el juez del criterio sostenido a la luz de la regla de la consistencia, cuando ante casos semejantes pueden recibir un tratamiento distinto si se aportan razones para ello, como, por ejemplo, concepciones de justicia que aparecen en las circunstancias de un caso, etc.

En esta oportunidad nos topamos con lo que se llama la "justicia de los fallos". Porque puede ser que hay casos donde más o menos sea constante el mismo material probatorio, los mismos argumentos, pero, puede operar una variación que no se encuentra en otros expedientes. Es un complemento al principio de igualdad formal, más no quiere decir que lo sustituya. Y el principio de inercia desemboca en uno de los puntos más controversiales del razonamiento jurídico, el de la coherencia

---

[138] PERELMAN, Chaim y OLBRECHTS-TYTECA, Louis. *Traité de l'argumentation. La nouvelle rhétorique,* Université de Bruxelles, Bruselas, 1970, p. 142.

de la argumentación, que por motivos de pertinencia con este libro, no es el momento de abordarlo[139].

4.   *El problema de los "obiter dictum"*

Como punto final para complementar lo explicitado sobre los métodos, quisiera referirme a uno de los quebraderos de cabeza de toda doctrina jurisprudencial: la proliferación irracional de los *obiter dictum*. Lo que debería ser un razonamiento de pasada, en Venezuela, se ha asumido una peculiar metodología en donde la sentencia hasta abre un capítulo que textualmente indica "*obiter dictum*". Prácticamente una aberración técnica.

Según el DICCIONARIO PANHISPÁNICO DEL ESPAÑOL JURÍDICO, se entiende por obiter dictum "(…) *proc. Cuestión que se aborda en una resolución judicial de manera tangencial para corroborar o ilustrar la decisión que se toma, con la que no está, sin embargo, directamente relacionada* (…)"[140]. Como indicó la RAE, estos razonamientos "tangenciales" que si bien no influyen en la fundamentación del fallo (justificación); asumen el papel de ilustrar la futura ejecución del mismo o de otros casos análogos. Un *obiter dictum*, como dice, no es que bien no va a influir ese racionamiento o justificación, sino prepara el camino para la consolidación de un criterio a futuro.

Entonces ¿qué hacen los máximos tribunales? Para advertir de posibles cambios patológicos en la jurisprudencia puede utilizar el *obiter dictum* como una suerte de advertencia tangencial. Por eso se le dice que el *obiter dictum* son razonamientos de pasada. Entonces, razonamientos de pasada y de los que hay que tomar, pero, nunca deben aparecer en capítulo aparte de la sentencia, como ha empleado la técnica el TSJ, incluso, tratarlo

---

[139]   Sobre el principio de inercia, véase ALEXY, Robert. *Teoría de la argumentación jurídica,* Centro de Estudios Constitucionales, Madrid, 1989, pp. 265-270.

[140]   https://dpej.rae.es/lema/obiter-dictum

"*obiter dictum*" así como un acápite importante del fallo. Cuando se incluye como capítulo, deja de ser un *obiter dictum* para formar parte de la justificación de la sentencia, diluyéndose su funcionalidad típicamente enmarcada para proteger el principio de inercia.

El *obiter dictum* no puede aparecer jamás como un capítulo aparte. El *obiter dictum* son apenas unos párrafos que aparecen a lo mejor al final de una línea argumental que usted viene trabajando, como para decir "mira hay que advertir que esto, posiblemente, a futuro, esa Sala ante juicios que puedan preverse a futuro requerirá".

RECAPITULACIÓN Y CONCLUSIONES

Tras la revisión, en las páginas precedentes, de los aspectos doctrinales y operativos en la sistematización de los diferentes métodos para la organización de la doctrina jurisprudencial, es necesario hacer una recapitulación para facilitar al lector las ideas-fuerza necesarias para encontrar un punto de partida en la imprescindible reconstrucción de los imaginarios judiciales en Venezuela. De nada nos servirá elucidar la más meditada reforma del Poder Judicial si no comprendemos las bases conceptuales y el contexto en que actualmente se incardina la tendencia dominante en el pensar, en el decir del centenario ÉDGAR MORÍN, como es el reduccionismo[141]. Sería iluso creer que un nuevo Poder Judicial, un nuevo juez, una nueva deontología judicial - y hasta un nuevo proceso- sería viable con modificaciones radicales en los escenarios políticos o a golpe de nuevos Códigos o leyes procesales. Esto no basta. Urge preparar un camino metodológico para que los jueces del mañana no cometan los errores hermenéuticos de los que hoy figuran en el horizonte jurisdiccional venezolano.

En primer lugar, debemos aceptar con la correspondiente capacidad crítica y libertad científica, que la traslación de la

---

[141] MORIN, Édgar. "Fabrication des villes de demain: méthode d'approches d'un territoire dans sa complexité urbain", Asociation *"Rêves de Scènes Urbaines"*. Cátedra ETI-Université París I (Panthéon-Sorbonne). IAE, París, Maison de Sciences de l'Homme du nord. Palabras pronunciadas el 14 de septiembre de 2018.

koiné desde la teoría de la ley hacia la hermenéutica es un eje histórico irreversible. Este carácter fusiona los imaginarios y líneas rojas que subyacían de los grandes sistemas referenciales (*common law – civil law*) haciéndolos artificialmente antagónicos. En la actualidad el diálogo entre ambos es permanente y supera con creces cualquier ensayo de Derecho comparado. Es el nuevo Derecho donde la hermenéutica abre y cierra cualquier debate jurídico, cual invitada permanente -deseada o indeseada- que no puede desecharse.

En segundo lugar, aceptando este horizonte, al juez se le asignan poderes hermenéuticos que paralelamente operan en todo juicio junto a sus potestades procesales. El pentagrama de poderes hermenéuticos (Ponderación, hermenéutica, interpretación, aplicación y argumentación) nos lleva a varias conclusiones operativas. PRIMERO, son potestades que necesariamente parten por una *precisión conceptual que sea aceptada y previsiblemente comprendida por todo un auditorio jurídico*. Por ejemplo, si un juez en la ciudad de Caracas hace uso de la ponderación -en los casos indicados en la primera parte de este libro- cualquier juez de Caicara del Orinoco, San Antonio del Táchira, Castilletes o Carúpano (tomando como referencia los cuatro puntos cardinales extremos de nuestra geografía), también deben emplear y entender el concepto-potestad de la ponderación como usualmente lo concibe el juez de Caracas, sin excepción alguna. SEGUNDO, las potestades hermenéuticas son cinco, como se indicó *ut supra*, lo que no es relajable por el Poder Judicial crear otras subcategorías sin que exista un móvil de preservación al sistema judicial. TERCERO, al ser potestades inherentes al juez, pueden ser evaluadas, censuradas y corregidas por el Tribunal Supremo de Justicia (en todas sus Salas), sea a instancia de parte o de oficio. Tan igual como se evalúa procesalmente el empleo de potestades del juez sobre el proceso, también, su potestas hermenéutica es susceptible de la censura casacional o de cualquier otro recurso extraordinario ante el máximo tribunal del país. CUARTO, en una reforma procesal a fondo, pudiera incluirse algún recurso extraordinario de revisión de las decisiones no en cuanto a su constitucionalidad sino por la pertinencia judicial de la potestad hermenéutica ejercida de forma anómala en los casos.

En tercer lugar, debemos recalcar que en Venezuela no existen los precedentes judiciales tal y como se les conoce en el *common law*. El sistema judicial patrio acepta únicamente el concepto de Doctrina jurisprudencial vinculante. Por lo tanto, la norma jurisprudencial implícita es el objeto más preciado que rescata este sistema, entendiendo ese imperativo de normatividad concreta como guía para las decisiones judiciales futuras y no como esplín corsé que limite ilegítimamente a las potestades hermenéuticas del juez.

En cuarto lugar, debe asumirse con convicción y responsabilidad la tesis de la doctrina jurisprudencial vinculante para evitar la importación impertinente de elementos que sólo en los precedentes del *common law* son capaces de servir como límite a la capacidad hermenéutica de los jueces. Sabiendo de antemano en qué consiste una doctrina jurisprudencial, los jueces del sistema comprenderán mejor cuáles son las implicaciones de una decisión dictada por la Casación (sea cual sea la Sala o la materia que permite este recurso) o inclusive en los recursos y acciones ante la Sala Constitucional. También, facilitará el racional retorno de todas las ramas del Derecho al empleo de sus métodos, principios y peculiares maneras de abordarlo, y no, desde la perversa lectura de las ramas del Derecho en Venezuela por el Derecho Constitucional. Como hemos indicado a lo largo del libro, *es obligatorio leer cada concepto, institución y proceso a la luz de la Constitución, más, sin embargo, es perversión revisarlos a la luz, compás y adjetividad del Derecho constitucional.*

En quinto lugar, los métodos para la organización de las doctrinas jurisprudenciales están definidos en tanto y en cuanto a las necesidades jurídicas del abogado o juez. Hasta el momento hemos agrupado en tres métodos: *argumentación organizatoria, cliometría jurisprudencial* y *sistematización lógico-temática.* Cada uno está diseñado para resolver problemas específicos en el abordaje de la doctrina jurisprudencial. De esta forma, pretender establecer una jerarquía entre cada uno de ellos, además de ser baladí, sería introducir una distorsión cuyas consecuencias inmediatas redundaría en el subdesarrollo o hipertrofia de cada uno de estos métodos.

Finalmente, quiero terminar este libro con la misma definición que el AQUINATIS formulaba sobre la esencia humana: *Ilud est homo quod operatur operationes.* Somos lo que obramos. Somos lo que manifestamos en nuestros actos, y cada uno de ellos, provienen de una hermenéutica o encauza a otros hacia otra hermenéutica.

REFERENCIAS BIBLIOGRÁFICAS

AARNIO, Julius, "La tesis de la única respuesta correcta y el principio regulativo del razonamiento jurídico", en: *Doxa,* número 8, 1990.

ACADEMIA DE LA MAGISTRATURA. *Manual de redacción de decisiones judiciales,* Proyecto de Reforma de apoyo al sistema judicial del Perú, Lima, 2008.

ALBERT MÁRQUEZ, José Jesús. "Fundamentos de la teoría de la ley y de la justicia en el iusnaturalismo clásico y en la teoría comunicacional del Derecho". En: MEDINA MORALES, Diego (Dir.), *Ordenamiento y sistema en el Derecho,* Valencia, Tirant lo Blanch, 2018.

ALEXY, Robert. *Teoría de los derechos fundamentales.* Centro de Estudios Políticos y Constitucionales, Madrid, 2008.

_____ . *Teoría de la argumentación jurídica,* Centro de Estudios Constitucionales, Madrid, 1989

ÁLVAREZ, Silvia. "Razonabilidad, corrección moral y coto vedado", en: *Doxa,* número 30, 2007.

ÁNGEL, Giraldo. "Hermenéutica jurídica", en: AAVV. *Hermenéutica jurídica. Homenaje al maestro Darío Echandía,* Ediciones Rosaristas, Santa fe de Bogotá, 1997.

ÁNGEL YÁGÜEZ, Ricardo de. "El mundo del jurista: hechos, conceptos y soluciones", en: *Estudios de Deusto,* Vol. 56/2, julio/diciembre 2008.

ARCE Y FLÓREZ VALDÉS, Joaquín. *Los principios generales del Derecho y su formulación constitucional*, Editorial Civitas, Madrid, 1990.

ARISTÓTELES. *Metafísica.*

ATIENZA, Manuel. "El argumento de autoridad en el Derecho", en: *El Cronista del Estado Social y Democrático de Derecho,* número 30, 2012.

————. *El Derecho como argumentación,* Editorial Ariel, Barcelona, 2006.

————. *El Sentido del Derecho*, Editorial Ariel, Barcelona, 2001.

BELLO TABARES, Humberto Enrique III. *La Casación Civil. Propuestas para un recurso eficaz y constitucional.* Ediciones Paredes, Caracas, 2010.

BENAIM, Alfredo. "Comentario crítico a la sentencia de casación sobre el nuevo cómputo de los términos o lapsos procesales", en: *Revista de Derecho Público,* número 46, 1991 (abril-junio).

BERNAL PULIDO, Carlos. *El neoconstitucionalismo y la normatividad del Derecho.* Universidad Externado de Colombia, Bogotá, 2009.

BEZERRA LIMA GRADVOHL, MICHEL ANDRÉ. "Os limites constitucionais à discricionariedade administrativa na execução do orçamento público no Brasil", en: *Revista General de Derecho constitucional,* número 27, 2018.

BONORITO RAMÍREZ, Pablo Raúl (Coord.) *Sesgos, argumentación y decisión judicial,* Aranzadi Thomson Reuters, Madrid, 2022.

BREWER-CARÍAS, Allan R. *La Constitución de plastilina y vandalismo constitucional. La ilegítima mutación de la Constitución por el juez constitucional al servicio del autoritarismo.*

Colección Biblioteca "Dr. Allan R. Brewer-Carías" del Instituto de Investigaciones Jurídicas de la UCAB-Editorial Jurídica Venezolana, Caracas, 2022.

———— . *La muerte de una Constitución. El proceso constituyente de 1999 desencadenado por dos sentencias de la Corte Suprema.* Editorial Jurídica Venezolana, Caracas, 2022.

———— . *Dictadura judicial y perversión del estado de Derecho.* Editorial Jurídica Venezolana Internacional, Caracas, 2016.

———— . *El Estado totalitario y desprecio a la ley.* Editorial Jurídica Venezolana, Caracas, 2014.

———— . "Nota sobre la historia de las Instituciones Fundamentales del Derecho Administrativo y la Jurisprudencia Venezolana, 1964", en: Hernández, José Ignacio (Coord.). *Libro homenaje a las Instituciones Fundamentales del Derecho Administrativo y la Jurisprudencia Venezolana del profesor Allan R. Brewer-Carías en el cincuenta aniversario de su publicación 1964-2014,* Editorial Jurídica Venezolana, Caracas, 2014.

———— . "Sobre la influencia de García de Enterría, la noción de acto administrativo, y el abuso jurisprudencial en la cita de su obra", en: BREWER-CARÍAS, Allan R., PAREJO ALFONSO, Luciano y LIBARDO RODRÍGUEZ, Alfonso (Coord.). *La protección de los derechos frente a la administración. Libro Homenaje al profesor Eduardo García de Enterría,* Editorial Temis-Editorial Jurídica Venezolana, Bogotá, 2014.

———— . "Notas sobre el principio de la confianza legítima en el Derecho administrativo", New York, septiembre de 2011, puede consultarse el documento en www.allanbrewercarias.com.

———— . "La potestad. La jurisdicción constitucional de interpretar la Constitución con efectos vinculantes", en: TUPAYACHI SOTOMAYOR, Jhonny (Coord.). *El precedente constitucional vinculante en el Perú (Análisis, Comentarios y Doctrina Comparada),* Editorial Adrus, Lima, 2009.

_____ . "La sentencia de los lapsos procesales (1989) y el control difuso de la constitucionalidad de las leyes", en: *Revista de Derecho Público,* número 40, 1989 (octubre-diciembre).

_____ . *Jurisprudencia de la Corte Suprema 1930-1974 y estudios de derecho administrativo,* Caracas, Ediciones del Instituto de Derecho Público de la Universidad Central de Venezuela, 1975-1979 (VI Tomos).

BREWER-CARÍAS, Allan R. y ORTÍZ-ÁLVAREZ, Luis. *Las grandes decisiones de la jurisprudencia contencioso-administrativa (1961-1996).* Editorial Jurídica Venezolana, Caracas, 1996.

BRIESKORN, Norbert. *Filosofía del Derecho,* Editorial Herder, Barcelona, 1993.

BROEKMAN, Jan. *Derecho, Filosofía del Derecho y Teoría del Derecho,* Editorial Temis, Bogotá, 1997.

BULYGIN Eugenio. "Sentencia judicial y creación del Derecho", en: ALCHOURRÓN, Carlos E. y BULYGIN, Eugenio. *Análisis lógico y derecho,* Centro de Estudios Políticos y Constitucionales, Madrid, 1991.

CÁCERES NIETO, Eduardo. "Las teorías jurídicas como realidades hermenéuticas", en: *Boletín Mexicano de Derecho Comparado,* número 103, 2002.

CALAMANDREI, Piero. *Casación civil,* EJEA, Buenos Aires, 1959.

CASTÁN TOBEÑAS, José. *Teoría de la Aplicación e Investigación del Derecho.* Editorial Reus, Madrid, 1947.

CASTANHEIRA NEVES, Antonio. "O jurisprudencialismo: Uma concepção do Direito e do pensamiento juridico", en: SÁNCHEZ DE LA TORRE, Ángel y FUERTES-PLANAS ALEIX, Cristina (edits.). *Principios jurídicos en la definición del Derecho: Principios del Derecho III.* Dykinson, Madrid, 2016.

CASTRO Y BRAVO, Federico de. *Derecho civil en España.* Instituto de Estudios Políticos, Madrid, 1955.

COLOMA CORREA, Rodrigo. "La caída del argumento de autoridad y el ascenso de la sana crítica", en: *Revista de Derecho,* Vol. 25, número 2, 2012.

COMISIÓN DE LENGUAJE CLARO DEL PODER JUDICIAL DE CHILE. *Manual de estilo para redacción de sentencias,* Santiago de Chile, 2019.

CONSEJO DE LA JUDICATURA DEL ESTADO DE NUEVO LEÓN (México). *Manual de redacción y estilo del Poder Judicial del Estado de Nuevo León.* México, 2014.

CORAMINAS, Joan y PASCUAL, José Antonio. *Diccionario Crítico-Etimológico Castellano e Hispánico,* Editorial Gredos, Madrid, 1984.

CORETH, Emerich. *Cuestiones fundamentales de la hermenéutica,* Editorial Herder, Barcelona, 1972.

COVIELLO, Pedro José. "La confianza legítima", en: *Estudios de Derecho administrativo*, número 7, 2013.

DA ROSA DE BUSTAMANTE, Thomas. "El precedente judicial según el positivismo excluyente", en: BERNAL PULIDO, Carlos, CAMARENA GONZÁLEZ, Rodrigo y MARTÍNEZ VERÁSTEGUI, Alejandra (Coord.). *El precedente en la Suprema Corte de Justicia de la Nación,* Centro de Estudios Constitucionales de la Suprema Corte de Justicia de la Nación, México, D.F., 2018.

DE LA MORENA Y DE LA MORENA, Luis. "La jurisprudencia: ¿fuente del Derecho?, en: GÓMEZ-FERRER MORANT, Rafael (Coord.). *Libro Homenaje al profesor José Luis Villar Palasí,* Editorial Civitas, Madrid, 1989.

DE LA TORRE VARGAS, David. "La confianza legítima como principio fundamental ante la regulación del Estado en la suspensión de plazos de procedimientos administrativos durante el estado de emergencia por el Covid-19", en: *Revista de Derecho Administrativo*, número 18, 2019.

DELGADO CASTRO, Jordi y DÍAZ GARCÍA, Luis Iván. "El civil law frente al precedente judicial vinculante: diálogos con académicos de América Latina y Europa", en: *Derecho PUCP: Revista de la Facultad de Derecho,* número 87, 2021.

DERRIDA, Jacques. *Fuerza de ley: el fundamento místico de la autoridad*, Editorial Tecnos, Madrid, 1997.

DIDEROT, Dennis. *Encyclopédie, ou Dictionaire raissonné des sciences, des arts et des métiers, par una Societé des gens de lettres*, Mis en ordre et publé par M. Direrot, París, 1751.

DUCCI CLARO, Carlos. *Interpretación jurídica. En general y en la dogmática chilena*, Editorial Jurídica de Chile, Santiago, 1997.

DUEÑAS RUÍZ, Óscar J. *Lecciones de hermenéutica jurídica.* Editorial Universidad del Rosario, Bogotá, 2006.

DUQUE CORREDOR, Román J. *Los poderes del juez y el control de la actividad judicial.* Academia de Ciencias Políticas y Sociales, Caracas, 2008.

DWORKIN, Ronald. "La decisión que amenaza la democracia", en: *Isonomía: Revista de teoría y filosofía del derecho,* número 35, 2011.

ECKART, Otto. "Ermeneutica giuridica nella Bibbia ebraica", en: *Ars interpretandi,* número 3, 1999.

ECO, Umberto. *Los límites de la interpretación,* Editorial Lumen, Barcelona, 2000.

ESCOVAR LEÓN, Ramón. *El precedente y la interpretación constitucional*, Editorial Sherwood, Caracas, 2005.

ESPOSITO, Mario. "Lo stare decisis al vaglio dei principi costituzionali", en: *Rivista di diritto processuale,* Vol. 75, número 3, 2020.

FERRAJOLI, Luigi. "Principia iuris: una discusión teórica", en: *Doxa,* número 31, 2008.

FIGUEREIDO, Lidia. La filosofía narrativa de Alaisdair Macintyre. Eunsa, Pamplona, 1999.

FIORE, Pascuale. De la irretroactividad e interpretación de las leyes. Editorial Reus, Madrid, 1927.

FROSINI, Vittorio. *La letra y el espíritu de la ley.* Editorial Ariel, Barcelona, 1995.

GADAMER, Hans-George. *Verdad y método.* Ediciones Sígueme, Salamanca, 1993.

GARCÍA AMADO, Juan Antonio y SENDÍN MATEOS, José Antonio (Dir.). *Argumentación y conflictos de derechos,* Ediciones de la Universidad de Salamanca y Tirant Lo Blanch, Salamanca, 2021.

GARCÍA-BALAUNDE, Domingo. "La interpretación constitucional como problema", en: *Revista Tachirense de Derecho,* número 4, 1993 (julio-diciembre).

GARCÍA DE ENTERRÍA, Eduardo. *El principio de protección de la confianza legítima como supuesto título de la responsabilidad patrimonial del Estado legislador,* Editorial Reus, Barcelona, 2003.

_____ . *Reflexiones sobre la ley y los principios generales del Derecho.* Editorial Civitas, Madrid, 1984.

GARCÍA DE ENTERRÍA, Eduardo y RAMÓN FERNÁNDEZ, Tomás. *Curso de Derecho administrativo,* Editorial Civitas, Madrid, 1995.

GASCÓN ABELLÁN, Marina. *La técnica del precedente y la argumentación racional,* Editorial Tecnos, Madrid, 1993.

GAVARA DE CARA, Juan Carlos, MIGUEL BÁRCENA, Josu de. y CAPODIFERRO CUBERO, Daniel (Dirs.). *El control judicial de los medios de comunicación.* JM. Bosch, Barcelona, 2015.

GIZBERT-STUDNICKI, Tomasz. "El concepto de precomprensión en la hermenéutica jurídica", en: *Revista Chilena de Derecho,* número 22, 1995.

GÓMEZ GARCÍA, Juan Antonio. *La argumentación jurídica: teoría y práctica,* Dykinson, Madrid, 2017.

HABERMAS, Jürgen. *Aclaraciones de la ética del discurso,* Editorial Trotta, Madrid, 2000.

————— . *Teoría de la acción comunicativa*, Taurus, Madrid, 1987.

HABSCHEID, Walther J. "Sobre la creación jurisprudencial del derecho en el derecho alemán", en: *Boletín Mexicano de Derecho Comparado,* número VIII, 1975 (septiembre-diciembre.

HENNING LEAL, Mônia Clarissa. "La jurisdicción constitucional entre judicialización y activismo judicial: ¿existe realmente un "activismo" o "el" activismo", en: *Estudios Constitucionales: Revista del Centro de Estudios Constitucionales,* número 2, 2012.

HUGHES, John. *American economic history; the development of a natural economy.* Illinois, Homewood, 1969.

HUSSON, Leon. "Analyse critique de la méthode de l'exégèse", en: *Archives de Philosophie du Droit*, número 17, 1972.

ITURRALDE SESMA, Victoria. "Precedente judicial", en: *Eunomía: Revista de cultura de la legalidad,* número 4, 2013.

IZQUIERDO LABEAGA, José Antonio. "El hombre entre dos hermenéuticas", en: *Gregorianum*, Vol. 73, número 3, 1992.

JARAMILLO, Carlos Ignacio. *El renacimiento de la cultura jurídica en occidente.* Pontificia Universidad Javeriana, Bogotá, 2004.

JENOFONTE. *Memorabilia.*

LASSER, Mitchel. "Le style judiciaire français en question. Una anlyse réaliste des effets de la jurisprudence européenne sur "le procèss équitable". En: *Droit et Societé,* número 21, 2015.

LEGARRE, Santiago y RIVERA, Julio César. "Naturaleza y dimensiones del "stare decisis", en: *Revista chilena de Derecho,* Vol. 33, número 1, 2006.

LEGAZ Y LECAMBRA, Luis. *Filosofía del Derecho,* Editorial Bosch, Barcelona, 1979.

LETELIER WARTENBERG, Raúl. "Contra la confianza legítima como límite a la invalidación de actos administrativos", en: *Revista chilena de Derecho*, Vol. 41, número 2, 2014.

LINFANTE VIDAL, Isabel. Argumentación e interpretación jurídica: Escepticismo, intencionalismo y constructivismo, Tirant Lo Blanch, Valencia, 2018.

_____ . *La interpretación jurídica en la teoría del Derecho contemporánea,* Centro de Estudios Políticos y Constitucionales, Madrid, 1999.

LÓPEZ MENUDO, Francisco. "La revisión de oficio, imperio de la discrecionalidad", en: *Revista de Administración Pública,* número 217, 2022.

LORETO, Luis. "Crítica de las decisiones judiciales", en: *Ensayos jurídicos*, Editorial Jurídica Venezolana, Caracas, 1987.

MACINTYRE, Alasdair. *Tres versiones rivales de la ética. Enciclopedia, Genealogía y Tradición.* Editorial Rialp, Madrid, 1992.

MARTÍNEZ GARCÍA, Jesús Ignacio. *La imaginación jurídica.* Editorial Debate, Madrid, 1992.

_____ . "Decisión jurídica y argumento de autoridad", en: *Anuario de filosofía del Derecho,* número 1, 1984.

MASSINI, CARLOS Ignacio. *La desintegración del pensar jurídico en la edad moderna.* Abeledo Perrot, Buenos Aires, 1980.

MCCORMICK, Neil. *Legal Reasoning and Legal Theory,* Claredon Press, Oxford, 1978.

Montesquieu, Baron de Secondat. *L'Esprit des lois.*

MONTOYA BARRIOS, Julio Rafael y CÁRDENAS SIERRA, Carlos Alberto. "El principio de la confianza legítima como modo de prevenir el impacto del cambio de posición de las autoridades", en: *Pensamiento Americano,* Vol. 15, número 30, 2022.

MORAL SORIANO, Leonor. *El precedente judicial,* Marcial Pons, Madrid, 2002.

MORTATI, Constatino. *Istituzioni di Diritto Publico,* CEDAM, Pádova, 1991.

MUÑOZ MACHADO, Santiago. "Regulación y confianza legítima", en: *Revista de Administración Pública,* número 200, 2016.

MUÑOZ MACHADO, Santiago (Dir.). *Libro de Estilo de la Justicia,* Real Academia Española-Consejo General del Poder Judicial, Madrid, 2017.

NIETO GARCÍA, Alejandro. *Crítica de la razón jurídica.* Editorial Trotta, Madrid, 2007.

_____ . *Balada de la Justicia y la Ley.* Editorial Trotta, Madrid, 2002.

_____ . "El precedente judicial", en: *AAVV. Homenaje al profesor Juan Roca Juan,* Universidad de Murcia, Murcia, 1989.

NINO, Carlos Eduardo. *Introducción al Análisis del Derecho,* Editorial Astrea, Buenos Aires, 1995.

OST, Françoise. "La tradizione, eterna giovinezza del Diritto", en: *Ars Interpretandi,* número 8, 2003.

OST, Françoise y KERCHOVE, Michel Van de. "Interprétation", en: *Archives de Philosophie du Droit,* número 35, 1990.

ORTEGA, Luis y DE LA SIERRA, Susana (Coord.). *Ponderación y Derecho administrativo.* Marcial Pons, Madrid, 2009.

ORTÍZ-OSES, Andrés. *Mundo, hombre y lenguaje crítico,* Ediciones Sígueme, Salamanca, 1976.

PABÓN GIRALDO, Liliana Damaris, TORO GARZÓN, Luis Orlando y ZULUAGA JARAMILLO, Andrés Felipe. "Argumentación jurídica de las sentencias de los tribunales constitucionales como método para lograr la constitucionalización del proceso jurisdiccional (Una lectura a partir de la acción de tutela en Colombia)", en: *Cuestiones constitucionales: Revista mexicana de Derecho Constitucional,* número 43, 2020.

PECES-BARBA MARTÍNEZ, Gregorio. "Poder de los jueces y gobierno de los jueces". En: *Diario El País,* Madrid, edición del 1° de mayo de 2000 [Consulta: http://elpais.com/diario/2000/05/01/opinion/957132006_850215.html]

_____ . "Ética, política y Derecho. El paradigma de la modernidad", en: *Revista de Derecho Público,* Vol. 61, Universidad de Chile. 1998.

_____ . *Curso de derechos fundamentales.* BOE-Universidad Carlos III, Madrid, 1996.

PERELMAN, CHAIM. *The Idea of Justice and the Problem of Argument,* Routledge and Kegan Paul, Londres, 1977.

PERELMAN, Chaim y OLBRECHTS-TYTECA, Louis. *Traité de l'argumentation. La nouvelle rhétorique,* Université de Bruxelles, Bruselas, 1970

PÉREZ DE LOS COBOS Y ORIHUEL, Francisco. "Sobre el papel de la ley en la ponderación de los derechos fundamentales en conflicto (a propósito de la regulación del derecho a la adaptación del tiempo de trabajo por motivos de conciliación de la vida laboral y familiar), en: *Labos: Revista de Derecho del Trabajo y Protección Social,* Vol. 2, número 2, 2021.

PETRONIO, Umberto. *La lotta per la codificazione,* G. Giappichelli Editore, Torino, 2001.

PETZOLD-PERNÍA, Hermann. *Interpretación e integración en el Código Civil venezolano,* Instituto de Filosofía del Derecho de la Universidad del Zulia, Maracaibo 1984.

PEYRANO, Jorge W. "El activismo judicial democrático". En: CACHÓN CADENAS, MANUEL JESÚS et. al. (Coord.). *Derecho y proceso. Liber amicorum del profesor Francisco Ramos Méndez,* Barcelona, Atelier, 2018.

PICONTÓ NOVALLES, Teresa. "Teoría general de la interpretación y hermenéutica jurídica: Betti y Gadamer", en: *Anuario de Filosofía del Derecho,* número IX, 1992, pp. 223-248.

PLATÓN en. *Symposion.*

PRIETO SANCHÍS, Luis. "Neoconstitucionalismo y ponderación judicial", en: *Anuario de la Facultad de Derecho de la Universidad Autónoma de Madrid,* número 5, 2001.

———— . *Sobre principios y normas. Problemas del razonamiento jurídico,* Centro de Estudios Políticos y Constitucionales, Madrid, 1991.

PUIG BRUTAU, José. *La jurisprudencia como fuente de Derecho,* Editorial Bosch, Barcelona, 1951.

PULIDO ORTIZ, Fabio Enrique. "¿Es necesaria la regla del precedente?, en: *Problema: Anuario de filosofía y teoría del derecho,* número 16, 2022.

RENGEL-ROMBERG, Arístides. *Tratado de Derecho procesal civil venezolano. Según el nuevo Código de 1987.* Altolitho, Caracas, 2007.

REITER, Stanley y HURWICK, Louis. *Designing economic mechanism,* Cambridge University Press, 2006.

REY FAJARDO, José del. *La república de las letras en la Babel étnica de la Orinoquia*. Academia Venezolana de la Lengua, Caracas, 2015.

RICCI, Francesco. *Derecho Civil, teórico y práctico*, Editorial Anatalbe, Barcelona, 1960.

ROBLES ÁLVAREZ DE SOTOMAYOR, Alfredo. "El precedente judicial anglosajón y la jurisprudencia española", en: *Revista general de legislación y jurisprudencia*, número 183, 5, 1948 (mayo).

RODRÍGUEZ-ARANA, Jaime. "El principio general del Derecho de confianza legítima", en: *Ciencia Jurídica*, Vol. 2, número 4, 2013.

RODRÍGUEZ DE SANTIAGO, José M. *La ponderación de bienes e intereses en el derecho administrativo*. Editorial Marcial Pons, Barcelona, 2000.

RODRÍGUEZ-ENNES, Luis. "El Derecho Romano y la Ilustración", en: *Seminarios complutenses de Derecho Romano*, Vol. VI, 1994.

RONDÓN DE SANSÓ, Hildegard. *El principio de confianza legítima o expectativa plausible en el Derecho venezolano*, Editorial ExLibris, Caracas, 2002.

ROSLER, Andrés. *La ley es la ley. Autoridad e interpretación en la filosofía del Derecho*, Katz Editores, Buenos Aires 2019.

RUANO, Jesús María. *Lecciones de literatura preceptiva. Teoría y modelos*, Librería Voluntad, Santa fe de Bogotá, 1956.

RUS RUFINO, Salvador. *Justicia, Derecho y fuerza: el pensamiento de Transímaco acerca de la ley y la justicia y su función en la teoría del derecho*. Editorial Tecnos, Madrid, 2001.

RÜTHERS, Bernd. *Derecho degenerado. Teoría jurídica y juristas de cámara en el Tercer Reich*. Marcial Pons, Madrid, 2016.

SALVATTI, Camila y SOARES PUGLIESE, William. "O overruling como elemento de integridade e coerência no direito", en: *Revista Brasileira de Direito,* Vol. 17, número 2, 2021.

SANTO TOMÁS DE AQUINO. *Summa Theologica.*

SATTA, Salvatore. "Passato e avvenire della Cassazione", en: *Rivista Trimestrale di Diritto e Proceso Civile,* número 3, 1962.

SCHLEIERMACHER, Friedrich. *Los discursos sobre la hermenéutica (Introducción y traducción de Lourdes Flamerique).* En: *Cuadernos de Anuario Filosófico,* número 83, 1999.

SEGURA ORTEGA, Manuel. *Interpretación y aplicación del derecho.* Ediciones Olejnik, Santiago de Chile, 2018.

————. *Sobre la interpretación del Derecho,* Universidad de Santiago de Compostela, Santiago de Compostela, 2003.

SOSA GÓMEZ, Cecilia y CASAL HERNÁNDEZ, José M. *¿Qué hacer con la justicia?. El caso venezolano.* CIDEP-Academia de Ciencias Políticas y Sociales, Caracas, 2020.

STEIN, Friedrich. *El conocimiento probado del juez.* Editorial Temis, Bogotá, 1988.

TARUFFO, Michele. "Aspetti del precedente giudiziale", en: AAVV. *El precedente judicial y el ejercicio del derecho ante las Altas Cortes,* Medellín, Centro de Derecho de la Universidad de Medellín, 2015.

————. "El precedente judicial en los sistemas del Civil law", en: *Ius et Veritas,* número 45, 2012.

TRAPET, Marie-Dominique. "L'hyphothèse de l'americanisation de l'institution judiciaire" en: *Archives de Philosophie du Droit*, Dalloz, número 47, París, 2001.

TRUJILLO, ISABEL. "EL poder de la razón jurídica. Notas sobre el desarrollo de la hermenéutica jurídica italiana". En: *Doxa,* Universidad de Alicante, número 27, 2004.

URBINA MENDOZA, Emilio J. *Métodos de investigación jurídica. Análisis e investigación en Derecho II*. Editorial Jurídica Venezolana, Caracas, 2022.

_____ . "Observaciones sobre la sentencia n° 455/2017 de la Sala Constitucional del TSJ y la concreción jurisprudencia, atípica e impertinente, de la unidad conceptual Estado/nación. A propósito de una polémica en el País Vasco", en: *Estudios Constitucionales y Parlamentarios. Anuario 2018-2020*, –UCAB-CIDEP-Instituto Parlamentario "Fermín Toro", Caracas 2021.

_____ . "Derecho público del algoritmo. Reflexiones sobre la transición de la modernidad jurídica crítico/lineal a la cuántica/fractal", en: *Revista de Derecho Público*, número 161-162, 2020 (enero-junio).

_____ . "Las funciones de gobierno ejercidas por la jurisdicción constitucional. ¿Es aceptable una modificación de la Teoría de separación de poderes por un Tribunal Constitucional? El caso de la Sala Constitucional del Tribunal Supremo de Justicia de Venezuela 2016-2018", en: *Estudios de Deusto*, Vol. 66/2, 2018 (julio-diciembre).

_____ . "La jurisprudencia del horror: Las posturas argumentales de la Sala Constitucional ante el tema constituyente (marzo-mayo 2017)", en: *Revista de Derecho Público*, número 149-150, enero-junio 2017.

_____ . "¿Qué son las sentencias de gobierno? La nueva geografía de actos en la jurisprudencia de la Sala Constitucional del Tribunal Supremo de Justicia?" en: *Revista de Derecho Público*, número 147-148, julio-diciembre 2016.

_____ . "El artículo 10 del nuevo Código de Ética del juez venezolano y la jueza venezolana y la ética de la interpretación jurídica", en: GUIBERT UCÍN, José M. (Coord.). *Cooperativismo, Empresa y Universidad. In memoriam de Dionisio Aranzadi Tellería SJ*, Ediciones de la Universidad de Deusto, Bilbao, 2010.

————— . "La influencia de la voluntad popular sobre la interpretación constitucional judicial en Venezuela: ¿Abuso de los conceptos jurídicos indeterminados?, en: *Estudios de Deusto,* Vol. 58/2, julio/diciembre 2010.

————— . "El artículo 10 del Código de Ética del Juez Venezolano y la Jueza Venezolana y la Ética de la Interpretación Jurídica", en: *Revista de la Facultad de Derecho de la UCAB,* número 64, 2009.

————— . "La interpretación de los contratos en la jurisprudencia venezolana. Análisis jurisprudencial de los paradigmas hermenéuticos aplicados a lo largo de la historia republicana (1875-2005), en: SOTO COAGUILA, Carlos Alberto (Dir.). *Tratado de la interpretación del contrato en América Latina,* Grijley-Rubinzal-Culzoni, Buenos Aires, 2007.

————— . "Paul Ricoeur y el puente dialéctico argumentación/interpretación. Algunas reflexiones para una hermenéutica de los derechos humanos", en: *Ética y jurisprudencia,* número 1, 2003.

————— . "Ética, hermenéutica y argumentación", en: Fernando PARRA ARANGUREN (Coord.) *Nuevos estudios de Derecho Procesal. Homenaje a José Andrés Fuenmayor,* ediciones del Tribunal Supremo de Justicia, Caracas, 2002.

————— . "Ética de la interpretación jurídica", en: *Táchira Siglo XXI,* número 22, 2002.

VARIZAT, Andrés Federico. "Principios y normas "implícitas" en el derecho de daños: problemas de actualidad", en: *Revista de responsabilidad civil y seguros: publicación mensual de doctrina, jurisprudencia y legislación,* Año 14, número 2, 2012.

VATTIMO, Gianni. "La hermenéutica como Koiné". En: *Revista de Occidente,* Fundación Ortega y Gasset, número 80, Madrid, 1988 (enero).

VEGA BENAYAS, Carlos de la. Teoría, aplicación y eficacia de las normas del Código Civil, Editorial Civitas, Madrid, 1976.

VERNENGO, Roberto J. "Interpretación del Derecho", en: AAVV. *Enciclopedia Iberoamericana de Filosofía,* Editorial Trotta-BOE y CSIC, Madrid, 1996.

VIDAL FERNÁNDEZ, Fernando. "La modernidad como edad de universalización: revisión del programa weberiano de modernización", en: *Miscelánea Comillas,* número 126, 2007.

VILLEY, Michel. "Préface", en: *Archives de Philosophie du Droit,* número 17, 1972.

WRÓBLESKI, Jerzy. *Constitución y teoría general de la interpretación jurídica,* Editorial Civitas, Madrid, 2001.

ZAGREBELSKI, Gustavo. *Principios y votos. El Tribunal Constitucional y la política.* Editorial Trotta, Madrid, 2008.

ZALDÁN ALBUJA, Salim. "Cuestionamiento a la aplicación generalizada del método de la ponderación judicial a partir de una sentencia interpretativa de la Corte Constitucional", en: *Iuris Dictio,* Vol. 9, número 13, 2010, Universidad San Francisco de Quito.

ZORZETTO, Silvia. "Legal Arguments and Case Law precedents: An experiment in judicial-sociological experiment between practice and theory", en: *Problema: Anuario de filosofía y teoría del derecho,* número 16, 2022.